AVALIAÇÃO SISTEMÁTICA DE TREINAMENTO

Guia Prático

MARIA HELENA SCHAAN

Formada em Pedagogia pela UFRGS. Especialista de Educação pelo MEC. Pós-graduada em Supervisão Escolar pela UNISINOS.

AVALIAÇÃO SISTEMÁTICA DE TREINAMENTO

Guia Prático

EDITORA LTR®
SÃO PAULO

Dados Internacionais de Catalogação na Publicação (CIP)
(Câmara Brasileira do Livro, SP, Brasil)

Schaan, Maria Helena
Avaliação sistemática de treinamento : guia prático / Maria Helena Schaan. — São Paulo : LTr, 2001.

Bibliografia.
ISBN 85-361-0090-7

1. Empregados — Treinamento — Avaliação I. Título.

01-1807 CDD-658.312404

Índices para catálogo sistemático:

1. Avaliação : Treinamento de pessoal : Administração de empresas 658.312404
2. Pessoal : Treinamento : Avaliação : Administração de empresas 658.312404
3. Treinamento de pessoal : Avaliação : Administração de empresas 658.312404

(Cód. 2406.2)

LTr

EDITORA LTDA.

Rua Apa, 165 - CEP 01201-904 - Fone (11) 3826-2788 - Fax (11) 3826-9180
São Paulo, SP - Brasil - www.ltr.com.br

2001

À memória da
minha madrinha,
lembrança profunda e
inesquecível em meu coração,
Elida Elisabetha Matzembacher Kokol.

Índice

Introdução

Este livro é destinado aos grupos interessados na valorização e no aperfeiçoamento de todos os processos que envolvem treinamento e desenvolvimento das pessoas nas organizações, assim como aqueles inseridos na abordagem da educação corporativa. Dirige-se, pois, tanto para avaliadores, profissionais de treinamento, de desenvolvimento humano e de recursos humanos, quanto para estudantes e estudiosos. Todos esses grupos podem utilizar o livro para conhecer uma abordagem essencialmente prática, abrangente e metodológica da avaliação, com um eixo pedagógico em seu núcleo.

O fundamento educativo é a visão do homem como um ser integral e ético, ser de necessidades e de relações, em contínuo processo de vir-a-ser, como um sujeito consciente, capaz e ativo, inserido em seu contexto histórico-sócio-técnico-econômico-político-cultural. Introduz a ética como um valor central na avaliação de treinamento e, como conseqüência, a metodologia participativa em seu planejamento.

A idéia de um modelo didático, com enfoque sistemático na avaliação de treinamento e desenvolvimento, decorre da larga experiência em avaliação nas áreas educacional e empresarial, em processos de treinamento e de avaliação em nossas organizações. A contribuição didática está no olhar a avaliação em fragmentos do tempo e vendo-a, assim, por etapas, também facilitar a sua prática.

Para que esta prática seja bem-sucedida, leva-se em consideração a grande complexidade do ambiente sociocultural dessas instituições, respeitando suas diferenças, as quais, por muitas vezes, têm impedido a concretização de processos avaliativos mais consistentes e duradouros.

As questões organizacionais apresentadas referem-se à realidade de empresas privadas da área industrial, comercial e de serviços, tanto como das cooperativas ou instituições públicas.

Este livro contém cinco unidades. A primeira apresenta os conceitos básicos de avaliação. A segunda unidade expõe a idéia do planejamento na avaliação e da metodologia participativa. Já a terceira descreve cada uma das técnicas a serem usadas na avaliação, enquanto que a quarta unidade apresenta e detalha a abordagem e operacionalização do modelo de avaliação através do tempo. A última encerra com a comunicação na avaliação de treinamento.

1. Avaliação Sistemática de Treinamento

1.1. Avaliação

A avaliação faz parte do nosso dia-a-dia. A todo momento estamos apreciando o que nos cerca, gostando ou não de coisas, imagens, sons, cheiros, alimentos, aprovando e desaprovando fatos que estão ocorrendo ao nosso redor. Muitas vezes não paramos para pensar o quanto isso acontece em nosso cotidiano. O que nos toca mais profundamente, positiva ou negativamente, isto, sim, ocupa mais tempo da nossa atenção, do nosso raciocínio, envolvendo talvez decisões e idéias sobre ações que queiramos tomar. Temos essa necessidade de ver, ler e, constantemente, interpretar o mundo que nos rodeia.

Os nossos valores, as nossas crenças, as nossas necessidades e os nossos interesses repercutem nas apreciações que fazemos, em nossas escolhas e preferências. O mesmo acontece com os conhecimentos e experiências anteriores que temos sobre o que está sendo considerado. São as informações que já tínhamos sobre coisas, imagens, sons, cheiros ou alimentos que influem em nossa apreciação. Por exemplo, quando vemos a imagem de uma propaganda em um cartaz podemos aprová-la, de imediato, se ela se refere a um produto do qual conhecemos as características e reconhecemos seu valor. Também, as experiências anteriores, que foram significativas para nós, interferem em nossas avaliações. Sejam elas positivas ou negativas.

A avaliação a ser tratada, neste livro, é a avaliação formal, oposta às apreciações casuais, referidas anteriormente.

O foco é a avaliação sistemática, isto é, metodicamente realizada e relacionada ao processo de treinamento.

1.2. Avaliação Sistemática

A *Avaliação Sistemática* é o processo de identificar, obter e proporcionar informação útil e descritiva sobre *algo* que está sendo julgado, promovendo sua compreensão, determinando o seu valor e/ou o seu mérito, tendo em vista a tomada de decisões e a solução de problemas.

A Avaliação Sistemática é considerada um processo porque se desenvolve em etapas. Para desencadeá-las, é preciso, antes de sua realização, refletir sobre vários aspectos, buscar algumas informações para, então, selecionar e definir aspectos básicos e o que pode ter utilidade e importância ao objeto que está sendo avaliado. Trata-se, portanto, de *planejar,* antes de *executar* as ações de avaliação, colocando em prática as decisões anteriores. A conclusão da avaliação deve ser sempre fundamentada, decorrente de um processo técnico, eticamente conduzido. E, por último, trata-se de *avaliar* a avaliação em um movimento de constante aperfeiçoamento.

1.3. Treinamento

É o processo ensino-aprendizagem direcionado ao desenvolvimento de competências profissionais requeridas para o desempenho das funções em um cargo — atual ou futuro, no contexto de trabalho em uma organização.

Abrange, portanto, todas as ações, formais e informais, relacionadas à aprendizagem de conhecimentos, habilidades, atitudes e comportamentos de todas as pessoas, em todos os departamentos e em todos os seus níveis hierárquicos.

A aprendizagem é um processo no qual uma pessoa se apropria de um saber. É um ato de vontade do sujeito que aprende e depende do seu desenvolvimento físico-sócioemocional, sendo influenciado pelas condições do ambiente socioeconômico no qual está inserido. Sob determinadas condições, a aprendizagem ocorre mais facilmente, como quando os sujeitos estão motivados para aprender — "pré-ocupados" com o objeto do conhecimento — e quando atende ao ritmo próprio de cada um e leva em consideração as diferenças individuais.

O ensino é o processo organizador das condições necessárias à ocorrência de aprendizagem. Envolve o papel fundamental do instrutor, sua relação com o saber e o saber-fazer, a relação instrutor-treinando, suas habilidades, todo o processo de planejamento, os métodos, os recursos didáticos, materiais, tecnológicos, financeiros, o ambiente físico, etc. O tratamento didático do conteúdo, também uma questão do ensino, é essencial, pois define sua estrutura, seleciona o que interessa, tendo em vista os objetivos a serem alcançados, ou seja, os tipos de aprendizagem que se pretende promover.

São, pois, dois elementos a serem considerados: a matéria de ensino e os tipos de aprendizagem. Estes vão desde o simples conhecimento de dados, fatos e informações até a formação de conceitos, descoberta de princípios, leis e teorias. Já as matérias são retiradas de diferentes campos do conhecimento humano, como administração, biologia, comunicação, ecologia, economia, ética, física, higiene, matemática, medicina do trabalho, pedagogia, português, psicologia, química, etc. como mostra esta *Roda do Conhecimento*.

Roda do Conhecimento

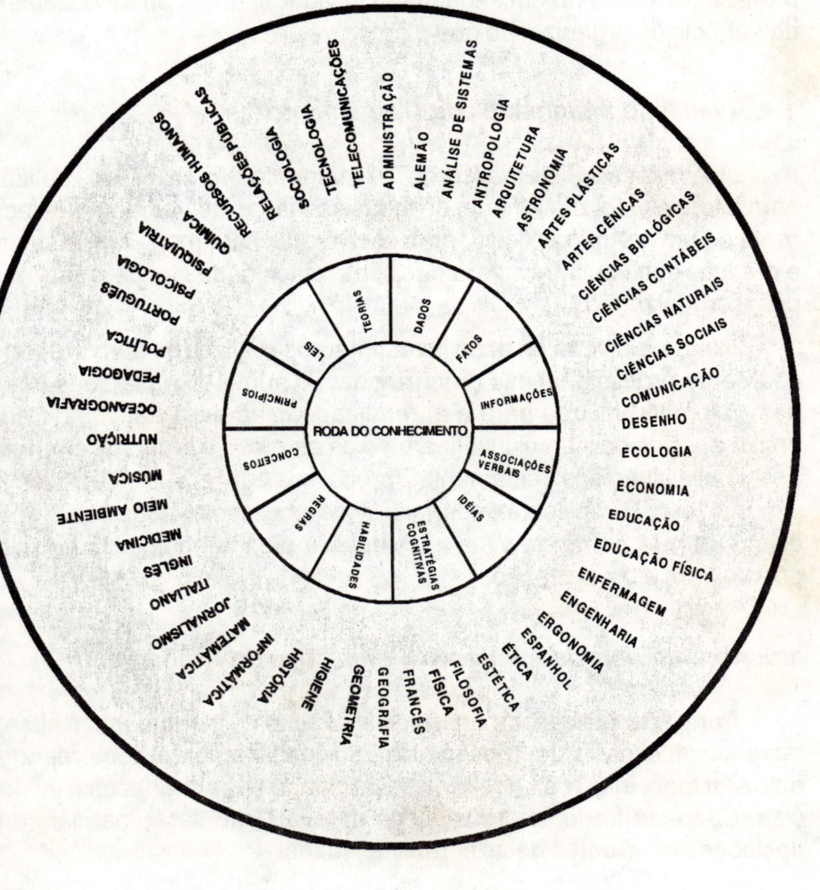

E, de cada campo do conhecimento, podem ser selecionados os conteúdos de treinamento, associando-se a eles o tipo de aprendizagem desejado. Este é o ponto crucial no desenvolvimento da competência, pois se pode tratar os conteúdos de forma superficial, somente no nível da memória, ou utilizá-los para o desenvolvimento do pensamento produtivo, do raciocínio e da crítica, a partir do nível mais simples ao mais complexo: da memorização de dados, fatos e informações às associações verbais, discriminações, formulação de idéias, desenvolvimento de estratégias cognitivas e habilidades, descoberta de regras específicas ou universais, de conceitos, de princípios, de leis e de teorias.

O treinamento envolve, pois, esses dois processos — a aprendizagem e o ensino — contextualizados e direcionados às competências profissionais, que fazem sentido em atividades-meio ou atividades-fim do negócio da organização que o promove.

1.4. Avaliação Sistemática de Treinamento

A Avaliação Sistemática de Treinamento é o processo realizado para julgar o valor e/ou mérito de todas as etapas do treinamento decorrente de um método aplicado com ética e precisão, respeitando valores e práticas socioculturais, para decisões relacionadas às pessoas, equipes e organização.

Tendo em vista os altos investimentos realizados para o aperfeiçoamento profissional nas organizações, o número de pessoas treinadas, o tempo alocado para a aprendizagem, as expectativas geradas com o aperfeiçoamento, justificam-se os esforços e recursos empregados na avaliação dos treinamentos, processos educativos e de desenvolvimento, concluindo sobre o seu valor, seus resultados e suas conseqüências, tanto do ponto de vista individual, e para a equipe de trabalho, quanto para a organização.

1.5. Abrangência da Avaliação Sistemática de Treinamento

Para o sucesso do processo de avaliação de treinamento é absolutamente necessário identificar o *universo* do treinamento, compreendendo o seu todo, interpretando-o e considerando suas interfaces e influências. Caso contrário, as conclusões da avaliação serão parciais e as decisões decorrentes delas serão ineficazes.

O treinamento se insere no sistema de trabalho de todas as equipes, células, setores, departamentos ou divisões de uma organização. Nesse sentido, onde houver uma pessoa, ou mais, executando atividades em um processo de trabalho ou serviço, utilizando-se de materiais, matéria-prima, ferramentas e/ou equipamentos, atendendo a determinadas rotinas, procedimentos, normas, regulamentos, interagindo com colegas, clientes, fornecedores, consumidores, superiores e outras pessoas em função do papel social que lhe foi atribuído por esse sistema social, cabe analisar o desempenho em relação às expectativas e aos resultados esperados com a sua participação. E, se da análise inicial se conclui sobre a necessidade de treinar, a análise final mostra o seu produto, estando aí presente, portanto, a avaliação.

Mas é preciso dizer mais do universo do treinamento. Já foi dito que, nas empresas, as pessoas fazem as suas atividades em grupos, assumindo papéis e interagindo em função do alcance de objetivos e metas.

É nesse convívio diário, constante, focado no trabalho, que suas relações se estruturam e forjam sua história. História que é única em cada empresa. Nesse contexto, os valores das pessoas e do negócio, as crenças sobre trabalho, desempenho, competência, treinamento, avaliação, produtividade, competitividade, sobrevivência, mercado, futuro e as relações de poder e de saber se mesclam num jogo dinâmico, muitas vezes, duro. E, quanto mais profundo o sentimento de pertencimento a esse mundo social, maior é o vínculo que une as pessoas e o significado do seu papel e de suas práticas. É a formação da identidade cultural que as diferencia de outros grupos. Quer dizer, há um sistema de representações simbólicas, invisíveis, às vezes invisíveis, o qual permeia essas relações sociais em cada comunidade de trabalho, assim como permeia as relações estabelecidas ao redor do treinamento e da avaliação.

Esse é o contexto sócio-técnico-cultural-político-econômico que deve ser considerado, também, quando tratamos da avaliação de treinamento.

1.6. O Papel do Coordenador da Avaliação Sistemática de Treinamento

A Avaliação de Treinamento, tendo como objetos de avaliação o desempenho de pessoas no trabalho, seus conhecimentos, suas habilidades, suas atitudes, seus comportamentos e, ainda, focalizando tarefas, processos e serviços, envolvendo lucros, recursos e esforços de uma infinidade de pessoas, precisa, necessariamente, ser conduzida de forma competente.

O papel do coordenador é do especialista em avaliação, técnico competente, planejador, comunicador, coordenador das ações e das pessoas envolvidas na avaliação, intérprete das necessidades dos clientes da avaliação.

Ele deve assegurar que a avaliação cumpra quatro condições principais: que a avaliação seja ética, seja útil, seja precisa e seja viável. Para tanto, usa como guia orientador de suas ações as Normas para Avaliadores(1): Normas de Ética, assegurando que a avaliação seja realizada legal e honradamente, com o devido respeito pelo bem-estar de todos envolvidos; de Utilidade, assegurando que as avaliações proporcionem as informações práticas que o cliente necessita; de Precisão, assegurando que a avaliação revele e transmita informação tecnicamente exata acerca do que está sendo avaliado; e de Viabilidade, assegurando que a avaliação seja realista, prudente, diplomática e moderada.

(1) *The Joint Committee on Standards for Educational Evaluation in* STUFFLEBEAM, p. 27.

2. Planejamento da Avaliação Sistemática de Treinamento — Metodologia Participativa

2.1. Definição

O Planejamento da Avaliação Sistemática de Treinamento é o processo de tomada de decisões quanto à previsão das ações necessárias à concretização da avaliação de treinamento.

2.2. Importância

O Planejamento da Avaliação Sistemática de Treinamento é importante porque:

— facilita a reflexão sobre todo o processo de avaliação, antes de seu início;

— possibilita uma visão abrangente do mesmo;

— dá mais segurança e agilidade ao coordenador da avaliação;

— auxilia na identificação de aspectos positivos e facilitadores;

— permite a identificação de pontos críticos e restritivos;

— facilita a preparação da aplicação de técnicas e instrumentos;

— facilita o processo de comunicação com os envolvidos — instrutores, gestores, etc.

2.3. Metodologia Participativa

O Planejamento da Avaliação Sistemática de Treinamento deve ser participativo, isto é, compartilhado com as pessoas envolvidas no treinamento, como os gestores dos treinandos, os instrutores e, em alguns casos, a diretoria.

Por envolver os sujeitos do treinamento no processo avaliatório, seja no planejamento, desenvolvimento ou aperfeiçoamento, é que se caracteriza a metodologia participativa na Avaliação Sistemática de Treinamento.

Ouvir e discutir aspectos relevantes com os "clientes da avaliação" e descobrir elementos significativos e úteis, em seus pontos de vista, torna possível a sua inserção no processo, dá mais consistência e viabilidade ao mesmo, além de prepará-los para maior participação, posteriormente.

Essa análise e discussão prévias têm um caráter ético porque leva, às pessoas envolvidas na avaliação, o conhecimento de sua realização, auxilia na mediação de diferentes interesses e necessidades, tornando a avaliação mais justa. E um caráter psicossocial porque leva em consideração as idéias e contribuições das pessoas, respeitando diferenças individuais e grupais.

Essa metodologia participativa de planejamento da avaliação cria as condições para a implantação da Avaliação de Treinamento de forma sistemática, pois, a partir da análise e discussão das principais questões com as pessoas que serão por ela afetadas, desencadeia-se um processo de reflexão e conscientização sobre a importância e as conseqüências da avaliação e a necessidade de fazê-la adequadamente.

Para a viabilização da Avaliação Sistemática de Treinamento em um contexto em que não existe tradição em avaliação, é imprescindível essa etapa preparatória.

Para o coordenador da avaliação significa, pois, refletir, buscar informações, pesquisar necessidades, interesses e prioridades da diretoria, dos gestores, instrutores e outros. Procurar discutir a avaliação, em primeiro lugar. Depois, levantar alternativas, fazer escolhas e tomar decisões, definindo o plano cooperativamente para, enfim, colocá-lo em prática.

2.4. Etapas do Planejamento — Metodologia Participativa

O processo de planejamento da avaliação — metodologia participativa — dá-se através de várias etapas:

1ª etapa

Elaboração de um pré-plano de Avaliação de Treinamento, que pode acontecer durante o planejamento do próprio treinamento. O coordenador do treinamento ou da avaliação pode realizar essa tarefa.

2ª etapa

Contato com os envolvidos no treinamento, principalmente, instrutor e gestor.

3ª etapa

Discussão, negociação e aprovação dos elementos essenciais do Plano de Avaliação.

4ª etapa

Preparação dos instrumentos a serem aplicados.

5ª etapa

Aplicação das técnicas com os instrumentos nos momentos predefinidos.

6ª etapa

Tratamento dos dados coletados.

7ª etapa

Interpretação dos dados tabulados.

8ª etapa

Elaboração do relatório de avaliação.

9ª etapa

Divulgação do relatório aos envolvidos.

O coordenador da avaliação inicia a elaboração de uma *minuta* do Plano de Avaliação, cuja montagem será detalhada a seguir, referente a um treinamento que irá acontecer. Nessa minuta, ele pode colocar dados preliminares, como os objetivos a serem alcançados pela avaliação do treinamento em questão, o aspecto ou aspectos a serem avaliados, em que momento avaliar, etc. Com essa minuta do plano, ele conversa com os envolvidos, quais sejam: o instrutor que vai atuar no treinamento — ou instrutores — e o gestor dos funcionários a serem treinados — ou gestores. Analisa as opiniões das pessoas, discute, negocia, chegando a um consenso sobre como será o processo de avaliação, registrando no plano as decisões tomadas. Depois da montagem do plano estar concluída, o coordenador do treinamento e da avaliação, em conjunto com o instrutor, passa à preparação dos instrumentos que forem necessários às técnicas escolhidas.

Nos momentos predeterminados, as técnicas são aplicadas e, depois, tabulados os resultados para serem devidamente analisados. Todos os dados são registrados em um relatório para comunicação aos clientes da avaliação, a diretoria, os gestores, instrutores e treinandos.

2.5. Elaboração do Plano de Avaliação Sistemática de Treinamento

O Plano de Avaliação Sistemática de Treinamento é o documento em que são registradas as decisões sobre as principais questões referentes à avaliação, em um momento anterior ao início do treinamento.

O Plano de Avaliação Sistemática de Treinamento tem se mostrado extremamente útil aos coordenadores de treinamento e da avaliação, na medida em que permite uma visualização abrangente de todas as questões importantes da avaliação. A partir daí, eles podem orientar todas as ações a serem realizadas, direcionar a obtenção de dados úteis para as conclusões sobre os resultados do treinamento e garantir o efetivo controle da avaliação.

O avaliador dá início à elaboração do Plano de Avaliação com a identificação de questões básicas a serem respondidas antecipadamente.

Por que avaliar?	*Para quê?*	*O que deve ser avaliado?*	*Como avaliar?*	*Com quê?*	*Quem avalia?*	*Quando?*	*Com quais critérios?*

A cada uma dessas questões corresponde um dos elementos do plano, conforme mostra o quadro abaixo:

Questões básicas	*Elementos do Plano*
Quem promove o treinamento?	a) Dados de Identificação
Por que avaliar este treinamento?	b) Justificativa
Para que avaliar este treinamento?	c) Objetivos
Quando avaliar?	d) Período
O que deve ser avaliado?	e) Objetos
Quem avalia?	f) Avaliadores
Como avaliar?	g) Técnicas
Com quê?	h) Instrumentos
Com quais critérios?	i) Critérios

Vamos, então, examinar cada um desses elementos:

a) Dados de Identificação

São os dados iniciais que esclarecem a procedência do plano, tais como: nome da empresa, departamento, setor, período, a qual treinamento se refere.

b) Justificativa

Neste item são identificadas as razões, os motivos, as necessidades, os problemas que justificam a realização da avaliação, ou seja, responder a questão: porque avaliar o treinamento?

Podem ser considerados motivos, por exemplo: a necessidade de comprovação da eficiência de um novo plano de treinamento; a necessidade de comprovação dos resultados obtidos com o treinamento; a necessidade de controle da aplicação de recursos; a necessidade de verificação do grau de conhecimento alcançado pelos participantes com o treinamento; a necessidade de verificação da eficiência dos instrutores; a necessidade de comprovação da relação custo-benefício do treinamento.

c) Objetivos

Para que avaliar treinamentos? O que se deseja realmente com a avaliação? Quais os propósitos visados? São as questões que nos levam a identificar os objetivos da avaliação a serem registrados no Plano de Avaliação Sistemática de Treinamento.

As respostas podem ser várias, pois dependem da função que essa avaliação vai desempenhar e do tipo de avaliação que se necessita.

São bastante conhecidas três funções da avaliação: diagnóstica, de classificação e de formação.

Quando se necessita obter um *diagnóstico* sobre algo, no caso como está o treinamento, então, a avaliação a ser realizada pode ter os seguintes propósitos:

— Concluir sobre a situação atual do treinamento.

— Verificar o nível das aprendizagens realizadas.

— Caracterizar o desempenho atual dos instrutores.

Quando se deseja, como resultado da avaliação, obter uma *classificação*, estabelecendo uma ordem entre os objetos avaliados, os objetivos podem ser:

— Classificar os desempenhos de aprendizagem.

— Selecionar as pessoas com os melhores desempenhos.

— Selecionar os melhores instrutores.

— Determinar os programas com os melhores resultados.

Se o interesse está voltado para conclusões que viabilizam a tomada de decisões com relação à *formação* e ao aperfeiçoamento das pessoas e de programas, então, a avaliação é formativa. Exemplos de objetivos:

— Verificar como os participantes estão adquirindo conhecimentos e habilidades.

— Analisar a validade dos métodos que estão sendo empregados.

— Acompanhar as reações dos participantes ao programa.

A seleção dos propósitos da avaliação pode decorrer, também, do tipo de avaliação: *contexto, entrada, processo, produto*[2].

Os propósitos de avaliar o *contexto* podem ser:

— Identificar deficiências e/ou pontos positivos de um programa.

— Diagnosticar necessidades para melhorar o estado do objeto avaliado.

— Caracterizar o contexto em que se desenvolve o programa.

— Examinar a relação entre a situação atual e as metas desejadas.

— Identificar oportunidades.

— Valorizar o estado global do objeto.

Os propósitos de avaliar a *entrada,* ou seja, planos e programas, antes de sua execução, podem ser:

— Identificar e determinar o valor da metodologia proposta.

— Identificar barreiras, limitações e recursos potencialmente utilizáveis.

— Estabelecer relações entre objetivos, metodologia, recursos e prazos.

Os propósitos de avaliar o *processo*, ou seja, a execução de um plano, podem ser:

— Proporcionar contínua informação sobre até que ponto as atividades do programa seguem o ritmo desejado e se desenvolvem conforme o planejado.

---

(2) CEPP — Contexto, Entrada, Processo e Produto. Do inglês: *CIPP: Context, Input, Process, Product,* da autoria de STUFFLEBEAM, p. 175.

— Acompanhar a utilização dos recursos disponíveis.

— Verificar as reações dos participantes aos instrutores.

— Verificar as reações dos participantes à metodologia e aos conteúdos.

— Verificar a eficiência do desempenho dos instrutores e palestrantes.

— Obter contínua informação sobre o plano e modificá-lo na medida do necessário.

— Propor uma ação corretiva.

Os propósitos de avaliar *o produto,* ou seja, a execução de um plano, podem ser:

— Determinar o valor dos benefícios obtidos com o programa.

— Verificar até que ponto o programa satisfez às necessidades do grupo.

— Ocupar-se amplamente dos efeitos do programa e de seus resultados.

— Recolher e analisar juízos acerca do êxito do programa.

— Comparar os resultados do programa com os de outros programas alternativos.

O processo de escolha dos objetivos da avaliação é facilitado se pensarmos nos períodos de avaliação.

d) Período

A definição prévia dos momentos da Avaliação de Treinamento é importante porque auxilia na reflexão sobre as peculiaridades de cada etapa do treinamento e, conseqüentemente, orienta a análise do que é possível e adequado avaliar em cada uma dela; facilita o controle de todo o processo avaliatório e a preparação das ações necessárias à realização da avaliação, como contato com todos os envolvidos e, ainda, a preparação dos materiais necessários à coleta de dados.

Em situações práticas, tem se mostrado muito útil responder à questão: *quando avaliar?*

É possível começar o processo de Avaliação de Treinamento antes de sua realização, seguindo com avaliação no início, durante o mesmo, ao seu final e, concluindo, no período posterior.

e) Objetos

O que deve ser avaliado no treinamento?

Esta é uma questão central no processo de avaliação. Tal como o detetive que conduz uma investigação precisa saber o que está procurando, o coordenador da avaliação, também. A pergunta principal refere-se à identificação do *objeto* de avaliação, ou seja, à escolha, entre tantos aspectos que envolvem um treinamento, daqueles que são considerados mais importantes. Trata-se de selecionar o que realmente interessa avaliar. É esta a tarefa na definição do foco da avaliação.

A precisão com que se define o objeto a ser avaliado assegura a consistência do processo, pois a dúvida ou a falta de exatidão podem levar à perda do foco, perda de dados, perda de tempo e à impossibilidade de chegar-se a uma conclusão.

Os objetos a serem avaliados no treinamento podem ser os mais variados. Do ponto de vista prático, torna-se bastante útil selecionar os objetos de acordo com as etapas do treinamento, correspondendo, pois, aos momentos em que deverão ocorrer as ações de avaliação.

Neste sentido, busca-se definir o que deve ser avaliado *antes* da realização do treinamento, *durante* a sua realização, ao seu *final* ou *após* o seu término.

O esquema apresentado a seguir, auxilia a visualização do modelo da AVALIAÇÃO SISTEMÁTICA DE TREINAMENTO que conduz à busca dos objetos a serem avaliados para cada momento:

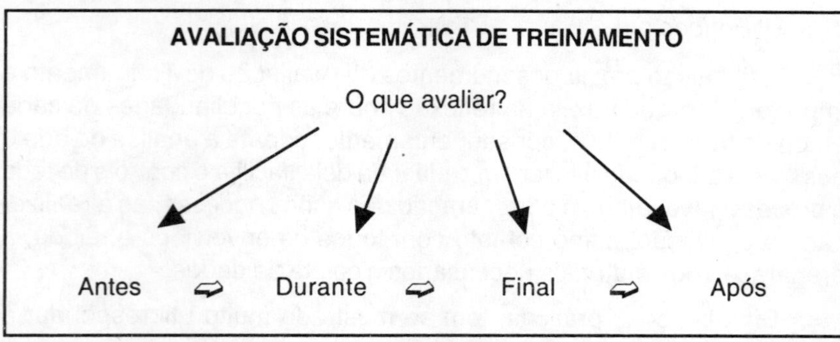

Antes do treinamento ser realizado, pode-se avaliar:

a) as necessidades de treinamento, a importância do problema, sua amplitude e abrangência;

b) o Plano de Treinamento, se é uma proposta adequada e consistente para a solução das necessidades identificadas;

c) as expectativas dos gestores e dos participantes com o treinamento;

d) os custos da realização do treinamento;

e) os conhecimentos e as habilidades.

Já, *durante* — no início ou no meio — o desenvolvimento do treinamento pode-se investigar:

a) as reações[(3)] dos participantes ao instrutor, aos colegas, ao conteúdo, ao método e técnicas que estão sendo utilizados pelo instrutor, aos recursos audiovisuais, às relações estabelecidas entre instrutor e grupo, às condições físicas do ambiente, etc.;

b) as reações do instrutor ao grupo, ao ambiente, etc.;

c) a execução do plano pelo instrutor: o desenvolvimento dos conteúdos, a aplicação do método e das técnicas programadas, etc.;

d) as aprendizagens dos treinandos: o que estão aprendendo e se está atendendo às suas expectativas;

e) o desempenho do instrutor, seu domínio de conhecimento, suas habilidades, materiais e recursos que utiliza, etc.;

f) a participação dos treinandos, sua atenção, interesse, comprometimento, participação nas atividades, relações com os colegas.

Ao final do treinamento interessa investigar:

a) as reações dos participantes ao plano desenvolvido;

b) como foi a execução do plano, seguiu o previsto ou não, as variáveis que interferiram em sua execução e as aprendizagens realizadas pelos participantes;

c) como foi o desempenho do instrutor;

d) a participação dos treinandos, pontualidade, assiduidade, participação nas atividades;

e) as condições do ambiente em termos de ventilação, iluminação, acomodação, instalação de equipamentos.

Após o treinamento, deve-se avaliar:

a) a mudança de comportamento[(4)] do treinando no retorno ao seu trabalho;

---

(3) KIRKPATRICK, p. 25.
(4) *Idem*, p. 48.

b) os efeitos dessa mudança de comportamento na equipe/no setor/na célula;

c) os resultados[5] obtidos;

d) os custos;

e) o retorno sobre o investimento.

Objetos de Avaliação x Períodos
— Quadro-Resumo —

Quando avaliar?	O que avaliar?
Antes do treinamento	Necessidade de treinamento Plano de treinamento Expectativas Custos Conhecimentos e habilidades
Durante o treinamento	Reações Execução do plano Aprendizagens dos treinandos Desempenho do instrutor Desempenho do coordenador Participação dos treinandos Condições do treinamento Influência de outros fatores Uso do tempo Uso dos recursos
Ao final do treinamento	Aprendizagens dos treinandos Execução do plano Desempenho do instrutor Desempenho do coordenador Participação dos treinandos Condições do treinamento Uso dos recursos Expectativas de aplicação Influência de outros fatores
Após o treinamento	Mudanças de comportamento Resultados Efeitos Custos ROI-Retorno sobre o investimento Desempenho do coordenador Influência de outros fatores

(5) *Idem*, p. 59.

f) Avaliadores

As pessoas que têm informações úteis e significativas sobre o foco de avaliação são os "avaliadores" na Avaliação Sistemática de Treinamento.

Para identificar os avaliadores, faz-se a pergunta: quem tem informações úteis e consistentes sobre tal coisa ou tal pessoa? No caso do treinamento, as perguntas podem ser: quem tem informações úteis e consistentes sobre o desempenho do instrutor do treinamento, durante a instrução? Quem tem informações úteis e consistentes sobre os participantes do treinamento, após o seu retorno ao trabalho?

Nesse sentido, durante a elaboração do Plano de Avaliação de Treinamento, é preciso deixar claramente definido quem avalia o que e quem avalia quem.

Vejamos:

Para obter informações úteis sobre:

— *desempenho dos funcionários*, no trabalho, antes do treinamento, consulta-se o seu gestor, eles mesmos e outros, quando for adequado;

— *aproveitamento dos funcionários-treinandos*, durante a instrução, consulta-se o instrutor, eles próprios e o coordenador do treinamento, se for o caso;

— *desempenho do instrutor*, durante a instrução, consultam-se os participantes do treinamento, o coordenador do treinamento, o próprio instrutor e outras pessoas que acompanham o seu trabalho;

— *aproveitamento dos funcionários-treinandos*, depois da instrução, consulta-se o seu gestor, os próprios participantes e outros, quando for adequado.

Os quadros apresentados a seguir identificam os principais avaliadores, os objetos que avaliam e quais os objetivos a serem alcançados.

Mapeamento da Avaliação de Treinamento
— por Avaliador —

<table>
<tr><th>Avaliador</th><th>Objetos de avaliação</th><th>Objetivos</th></tr>
<tr><td rowspan="5">Instrutor</td><td>Aprendizagem dos treinandos</td><td>Verificar o nível das aprendizagens realizadas e o progresso dos treinandos.
Obter subsídios para dar feedback aos treinandos.
Revisar conteúdos, se necessário.
Reformular o plano, se necessário.</td></tr>
<tr><td>Reações dos treinandos</td><td>Verificar o grau de aceitação do programa e de seu desempenho.
Obter subsídios para analisar com o grupo essas reações, e tomar decisões com o grupo.
Reformular o plano, se necessário.
Encaminhar providências administrativas, se necessário.</td></tr>
<tr><td>Plano de treinamento</td><td>Verificar a relação entre o planejado e o realizado.
Localizar fatores facilitadores e restritivos ao treinamento.</td></tr>
<tr><td>Condições gerais do treinamento</td><td>Reformular, se necessário.
Tomar providências cabíveis ao aperfeiçoamento.</td></tr>
<tr><td>Próprio desempenho</td><td>Concluir sobre a relação entre o seu desempenho previsto e o desempenho evidenciado no treinamento.
Reformular, se necessário.</td></tr>
<tr><td rowspan="3">Treinando</td><td>Desempenho do instrutor</td><td>Levantar dados sobre a eficiência do instrutor.
Concluir sobre a influência do instrutor em sua aprendizagem.</td></tr>
<tr><td>Plano de treinamento</td><td>Verificar a adequação do Plano de Treinamento às suas necessidades.
Verificar a coerência entre o planejado e o realizado — de acordo com o Plano inicial de Treinamento.</td></tr>
<tr><td>Condições gerais do treinamento</td><td>Levantar a sua opinião sobre as condições facilitadoras e restritivas do treinamento.</td></tr>
</table>

Avaliador	Objetos de avaliação	Objetivos
Treinando	Própria participação e aprendizagem	Identificar a percepção dos treinandos sobre a sua própria participação no treinamento e sobre as aprendizagens realizadas no treinamento.
Gestor	Desempenho do funcionário	Identificar problemas e/ou lacunas no desempenho, que sejam *treináveis*. Caracterizar as repercussões dos problemas de desempenho.
	Reações do funcionário	Verificar a adequação do Plano de Treinamento às necessidades do treinando. Levantar a opinião do treinando sobre o treinamento e sobre o seu aproveitamento.
	Mudança de comportamento do funcionário no cargo	Levantar a opinião do funcionário sobre o seu aproveitamento no treinamento. Verificar a mudança de comportamento. Identificar variáveis facilitadoras e restritivas às mudanças.
	Resultados	Identificar as evidências/provas dos efeitos do treinamento. Relacionar a melhoria de índices de produtividade ao treinamento.
Coordenador do Treinamento	Necessidade de treinamento	Analisar com o gestor se os problemas e/ou lacunas no desempenho são ou não *treináveis*. Promover a caracterização e identificação das repercussões desses problemas de desempenho.
	Reações dos treinandos	Identificar o grau de aceitação dos treinandos com relação ao instrutor. Identificar fatores facilitadores e restritivos ao treinamento.
	Desempenho do instrutor	Acompanhar o desempenho do instrutor na execução do Plano de Treinamento. Identificar fatores facilitadores e restritivos ao treinamento.

Avaliador	Objetos de avaliação	Objetivos
Coordenador do Treinamento	Condições gerais	Identificar fatores facilitadores e restritivos ao treinamento. Relacionar esses fatores às aprendizagens e aos resultados obtidos com o treinamento.
	Custos	Verificar a aplicação de todos os recursos alocados ao treinamento. Concluir sobre a efetividade desses recursos.
	Resultados	Examinar com o gestor as evidências/provas dos efeitos do treinamento x situação anterior ao treinamento. Relacionar a melhoria de índices de produtividade ao treinamento. Concluir sobre a relação custos/benefícios do treinamento.

Após a seleção dos objetos a serem avaliados, vem a escolha das técnicas mais adequadas.

g) Técnicas

Como avaliar? A resposta a esta questão diz respeito à seleção das técnicas de avaliação que serão empregadas para a coleta dos dados e que são registradas no Plano de Avaliação Sistemática de Treinamento.

As técnicas mais comuns são: entrevista, questionário, teste, análise, observação e auto-avaliação.

É preciso escolher a técnica adequada examinando, de um lado, a realidade e, de outro, suas características, vantagens e limitações.

As técnicas e seus instrumentos são descritos no capítulo seguinte.

h) Instrumentos

O instrumento é aquilo que se utiliza durante uma determinada técnica de avaliação e serve para registrar os dados pesquisados, devendo, portanto, ser adequado à respectiva técnica. Sendo "algo para..."[(6)], não está dissociado dela, mas integrado a ela. É um meio para ser

(6) MORA, J. F., *Dicionário de Filosofia*, p. 692.

usado, aplicado, facilitando a obtenção dos dados a serem apreciados e, não, um fim em si mesmo.

Deve ser construído de acordo com a técnica de avaliação na qual será aplicado, com o objeto de avaliação em questão, tendo em vista o alcance dos objetivos.

Os instrumentos para avaliação de treinamento são descritos junto com as respectivas técnicas no próximo capítulo.

i) Critérios

Sendo definido critério como "aquilo que permite julgar e apreciar"[7] e "o princípio ou padrão pelo qual uma coisa é julgada"[8], durante a discussão e tomada de decisões na montagem do Plano de Avaliação Sistemática de Treinamento, também, é necessário de bater e decidir o que será considerado para julgar e apreciar o treinamento, entre o coordenador da avaliação e os gestores.

Considerando que a Avaliação Sistemática de Treinamento abrange vários objetos de avaliação — desempenhos, conhecimentos, habilidades, atitudes, sentimentos e comportamentos das pessoas, coisas, materiais, recursos, etc. e estes são de naturezas diferentes — envolvendo coisas concretas e abstratas —, logo, os critérios podem ser os mais diversos. Os critérios podem referir-se a valores — espirituais, éticos estéticos, materiais —, normas, princípios, qualidades, quantidades, percentuais, tempo, intensidade, freqüência, etc.

A tarefa de identificar os critérios de avaliação pode ser realizada a partir da análise dos objetivos de avaliação que estão definidos no Plano de Avaliação. Pode-se selecionar mais de um critério para cada objetivo, se for considerado adequado para averiguar o seu alcance.

Na avaliação das aprendizagens dos treinandos, por exemplo, cujo objetivo é "verificar o nível das aprendizagens realizadas", que critério de avaliação pode ser identificado para apreciar esse *nível*? Qual é o padrão a ser considerado satisfatório para a aprendizagem dos treinandos? O padrão desejado pode ser definido em 100% de aprovação no teste de conhecimentos, ou 80%, ou outro percentual. A identificação desse padrão desejado constitui o critério de avaliação para o objetivo. Convém esclarecer que esse critério de avaliação — 100% de aprovação — envolve a resposta correta em cada questão e o acerto em todas as questões, aqui representada pelo percentual 100%.

---

(7) *Nouveau Petit Larousse*, 1952, p. 256.
(8) *Illustrated Oxford Dictionary*, 1998, p. 197.

No caso da avaliação do desempenho do instrutor de treinamento, cujo objetivo de avaliação é "verificar o grau de aceitação de seu desempenho pelos treinandos", que critério pode ser identificado para julgar o grau de aceitação? Qual é o padrão a ser considerado satisfatório para julgar esse grau de aceitação do desempenho do instrutor? Nesse caso, para verificar o "grau de aceitação do desempenho do instrutor", um só critério não é suficiente, pois o objetivo que está sendo avaliado, o desempenho do instrutor, possui várias dimensões importantes, quais sejam, a dimensão do conhecimento, a dimensão do relacionamento interpessoal e a dimensão técnica.

Os critérios de avaliação a serem considerados no julgamento podem ser: ter domínio dos conhecimentos sobre o tema do treinamento ou ter fundamentação teórica sobre o tema; estabelecer relações interpessoais satisfatórias, adequadas, harmoniosas ou positivas com o grupo de treinados e ter domínio das técnicas de ensino ou das habilidades técnicas de ensino.

Para a definição do padrão desejado a esse desempenho, podem ser acrescentadas, para cada um desses critérios, as seguintes expressões: grande domínio de conhecimentos; alto nível de conhecimentos; excelente fundamentação; relações altamente satisfatórias, muito adequadas; alto padrão de relacionamento; domínio completo ou satisfatório das técnicas e habilidades.

Quando o objeto de avaliação é passível de mensuração, um critério quantitativo pode ser adequado, como no caso de treinamento para um operador cuja produção de peças é inferior à média de sua equipe de trabalho. Se esse número de peças produzidas é conhecido, se o operador participa de um treinamento sobre o processo de seu trabalho, então, em seu retorno à produção, é esperado que sua *performance* melhore. O critério a ser considerado na avaliação da mudança de seu comportamento no cargo, após o treinamento, pode ser o percentual de 30%, ou outro, no número de peças produzidas em relação ao período anterior ao treinamento.

Os critérios devem, pois, ser definidos na elaboração do Plano de Avaliação. Ao final do processo, eles servirão de norma para o julgamento.

Importante considerar ainda que, por uma questão de ética, a definição dos critérios de Avaliação de Treinamento deve ser conhecida por todos os envolvidos e, principalmente, pelos treinandos, antes da realização do treinamento.

Exemplos de critérios:

Apresentação: modo por que uma coisa é apresentada

Asseio: limpeza, higiene

Atendimento às normas: levar em consideração, seguir

Consistência: qualidade do que é "sólido"

Correção: isento de erros, exato, apropriado, adequado

Cuidado: estar atento; precaução, cautela; desvelo, zelo

Desperdício: perda, desaproveitamento

Desvelo: grande cuidado; vigilância, carinho; dedicação

Exatidão: precisão, rigor, perfeição, esmero

Exato: certo, correto, preciso, rigoroso

Fundamento: razões em que se funda uma tese, base, motivo

Limpeza: qualidade de limpo; asseado, esmero

Limpo: sem mancha; asseado; lavado

Organização: estrutura

Prazo: tempo determinado

Presteza: ligeireza, prontidão; rapidez, agilidade

Quantidade: número de unidades ou medida

Rapidez: ligeireza, velocidade, pressa

Segurança: condição de seguro ou livre de risco, protegido

Sigilo: segredo

Tempo: momento ou ocasião apropriada para que uma coisa se realize, época

Utilidade: qualidade de útil, vantagem, proveito, lucro

Outros exemplos de critérios de avaliação comumente usados na Avaliação de Treinamento, como maior produção, melhoria de índices/ indicadores, melhoria do serviço prestado, aumento de lucro, aumento do grau de satisfação do cliente, melhoria do relacionamento com colegas, chefia, cliente, fornecedores, mais cortesia, maior grau de cooperação na equipe, melhor integração com outros setores, mais presteza/ rapidez no atendimento, melhoria de imagem, diminuição de desperdício, de erros, de retrabalho ou diminuição do grau de insatisfação, redução de perdas, etc. envolvem necessariamente uma comparação com a situação anterior ao treinamento. Por isso, é preciso que a situação anterior tenha sido caracterizada com o máximo de exatidão. Por exemplo, se o índice de desperdício é conhecido antes do treinamento, então, o critério "diminuição de desperdício" pode ser adequado e poderá ser conferido se for alcançado após o treinamento.

2.6. Plano de Avaliação de Treinamento

Exemplo de Plano de Avaliação
Cliente: CIA. Z
Data:

Plano de Avaliação de Treinamento

Período	**Objetivos**	**Objetos de avaliação**	**Avaliador(es)**	**Critérios satisfatórios**	**Técnicas**	**Instrumentos**
Antes do Treinamento	Verificar as reais necessidades de treinamento	Necessidade de treinamento	Chefias	Os dados obtidos devem ser precisos, claros, consistentes e adequados	Análise Entrevista	Formulário específico
Durante	Acompanhar a execução do plano Propor melhorias, se necessário	Reações ao instrutor, ao conteúdo, à metodologia	Treinandos Instrutor	Reações devem ser positivas	Questionário Entrevista Análise	
Ao final	Verificar a eficiência do Plano de Treinamento	Aquisição de conhecimentos dos participantes	Instrutor	80% acertos	Teste Conhecimentos Análise	Teste
Após o Treinamento	Verificar a eficácia do treinamento	Solução do problema	Chefia	100% resolvido	Observação Entrevista Análise	Ficha Observação *Check-list* Registros do setor

Outro exemplo de Plano de Avaliação de Treinamento

1. Objetivos

- Verificar a eficiência do setor de treinamento nas questões relacionadas à avaliação
- Verificar a eficácia do treinamento
- Identificar o grau de domínio dos conhecimentos e habilidades dos treinandos
- Verificar a aplicação dos conhecimentos, habilidades e atitudes adquiridos no treinamento em situações práticas
- Comprovar os resultados e/ou efeitos provenientes da mudança no desempenho do funcionário
- Identificar as variáveis intervenientes no desempenho, após o treinamento

2. Aspectos a serem avaliados

2.1. Necessidades de treinamento

2.2. Reações ao plano:

- Objetivos
- Conteúdos
- Metodologia
- Recursos
- Avaliação
- Carga horária
- Período de realização

2.3. Instrutor

- Relacionamento com o grupo
- Domínio do conteúdo
- Abordagem do conteúdo
- Uso de técnicas de grupo
- Uso de recursos audiovisuais
- Uso de exemplos
- Uso do tempo
- Comunicação

2.4. Treinando

- Presença/pontualidade
- Participação
- Comprometimento
- Interesse
- Aquisição de conhecimento

2.5. Condições físicas

2.6. Refeições

2.7. Apoio logístico

2.8. Acompanhamento pós-treinamento

2.9. Apoio na introdução de mudanças

2.10. Desempenho

- Aplicação prática nas tarefas
- Mudança de comportamento e de atitudes
- Introdução de inovações
- Domínio de tecnologias

2.11. Resultados

- Alcance de metas
- Aumento do grau de satisfação individual e da equipe
- Melhorias das relações
- Ganhos
- Índices partes por milhão/sucata/reclamações/acidentes
- Tempo *setup*
- Lucros

3. Período/época

- Antes dos treinamentos
- Durante
- Ao final
- Após

4. Fontes e/ou Avaliadores

- Registros
- Reclamações
- Mapas
- Gestores
- Instrutores
- Setor de treinamento
- Treinandos
- Clientes
- Fornecedores
- Outros

5. Técnicas

- Análise
- Auto-avaliação
- Entrevista
- Observação
- Questionário
- Teste
- Pré-teste
- Pós-teste

6. Instrumentos

- Formulário de solicitação de treinamento
- Registros de reclamações e devoluções
- Roteiro para entrevista
- Registro de ocorrências
- Ficha de avaliação das reações
- Ficha-registro de observação
- Registro de cartas CEP (Controle Estatístico de Processo)
- Questionário
- Roteiro

3. Técnicas e Instrumentos de Avaliação

3.1. Entrevista

Caracterização

Uma entrevista é um encontro entre, no mínimo, duas pessoas, num local determinado, para que uma delas obtenha informações da outra sobre determinada questão ou tema, sendo seu objetivo o de conhecer o que as pessoas pensam ou acreditam que os fatos sejam. É, pois, uma técnica direta de coleta de dados.

Uma boa entrevista é como um sistema em que os elementos devem estar integrados entre si, operando harmoniosamente com um mesmo objetivo em vista. Cabe, pois, ao entrevistador criar um clima favorável e descontraído para estabelecer as condições para a obtenção dos resultados desejados. Realizar uma entrevista envolve uma série de operações: observar, saber ouvir, perguntar, liderar, interpretar, aceitar o outro, registrar os dados.

Tipos de entrevista

Pode-se diferenciar dois tipos de entrevista de acordo com os procedimentos do entrevistador, no que se refere à forma de conduzi-la.

Diretiva é a entrevista dirigida pelo entrevistador, baseado num roteiro ou questionário, visando a obter dados objetivos relacionados a fatos ou temas específicos. Por exemplo, quando são feitas perguntas abertas como: Como está o desempenho do funcionário, depois que ele voltou do treinamento? O que ele está fazendo diferente do que fazia antes? Houve ou não aumento nas peças produzidas por ele? Que dificuldades você ainda identifica em seu desempenho?

Não-diretiva é a entrevista que não obedece a um roteiro rígido. Ao entrevistador cabe apenas orientar discretamente o rumo da conversa, lançando temas ou perguntas amplas como estímulo. É recomendada na sondagem de aspectos subjetivos do comportamento, tais como opiniões, atitudes, sentimentos. O coordenador da avaliação de treinamento pode, no papel de entrevistador, por exemplo, dizer a um gestor: Gostaria de conversar com você sobre o desempenho do funcionário, depois que ele voltou do treinamento, e conhecer as suas observações sobre ele.

Vantagens

A entrevista torna possível a observação das reações do entrevistado ao que está sendo perguntado, a forma como responde às questões, sua naturalidade, sua disponibilidade e interesse, enfim, permite observar sua atitude. Outra vantagem da entrevista é a possibilidade de esclarecer ou repetir perguntas, formulá-las de maneira diferente, se for o caso, ou ainda, especificar algum significado, como garantia de estar sendo compreendido. Por isso, é uma técnica que permite maior precisão nas informações, podendo ser comprovadas, de imediato, as discordâncias ou inconsistências.

Limitações

Existem algumas restrições no uso da entrevista: ocupa mais tempo, principalmente, se há um grande número de pessoas a ser consultada e, também, porque é mais difícil de ser realizada, exigindo técnica e autocontrole do entrevistador. Entrevistador e entrevistado podem ter dificuldade de expressão e comunicação, restringindo a obtenção de dados. Existe a possibilidade de o entrevistado ser influenciado pelo entrevistador (atitudes, idéias, opiniões), ou, ainda, dele não estar disposto a dar as informações necessárias, retendo algum dado importante.

Objetivos

Na avaliação de treinamento, a entrevista é bastante usada para:

— Obter informações dos gestores sobre os problemas de desempenho dos funcionários, antes de se planejar um treinamento.

— Obter informações dos gestores, depois do treinamento ter sido realizado, sobre as mudanças ocorridas no desempenho.

— Levantar informações do instrutor sobre a participação dos treinandos, durante o treinamento.

— Acompanhar o desenvolvimento do plano do instrutor.

— Averiguar com o funcionário, após o treinamento, sobre a transferência de conhecimentos e as variáveis que podem influenciar o seu desempenho nesse período.

A entrevista é bastante útil, proveitosa e rápida, quando se tem poucas pessoas a consultar. Caso contrário, recomenda-se o uso de questionário.

Procedimentos

O planejamento da entrevista é uma fase fundamental, uma vez que dele depende o desempenho do entrevistador, o desenvolvimento do trabalho e sua eficiência global. As etapas no planejamento de uma entrevista são:

1. Definição do objetivo que se quer atingir com a entrevista.

2. Identificação de quais são as pessoas a serem entrevistadas, comunicando a elas com antecedência, o objetivo e o assunto.

3. Detalhamento do assunto a ser investigado através da entrevista, selecionando-se os itens principais, ordenando-os, preparando algumas perguntas, reunindo materiais complementares, se for o caso.

4. Definição da melhor oportunidade, escolhendo uma hora conveniente para ambos — entrevistador e entrevistado.

5. Escolha de um local adequado para a realização da entrevista, a ser determinado com cuidado, lembrando que deve ser silencioso, isolado e agradável. O ambiente físico é sem dúvida um dos fatores determinantes do clima emocional que domina uma entrevista. Por isso, convém evitar locais de passagem ou de constante acesso de outras pessoas, impedindo-se, assim, que entrevistador e entrevistado sejam interrompidos ou distraídos por fatores externos.

Após a realização da entrevista:

6. Tabulação e organização dos dados.

7. Análise e interpretação dos dados.

8. Comunicação aos envolvidos.

Instrumentos

Os instrumentos usados para realizar e registrar a entrevista podem ser um roteiro ou questionário.

Exemplos do uso de entrevista na Avaliação Sistemática de Treinamento:

a) O coordenador da Avaliação/Treinamento ou analista de treinamento entrevista um funcionário, que está realizando um treinamento fora da empresa, com o objetivo de acompanhar as suas reações e a execução do Plano de Treinamento, utilizando o seguinte questionário:

Avaliação do Treinamento: ....

Funcionário: .... Setor: ....

Entrevistador: .... Data: ....

Avaliação de Reações

1. Qual é a sua opinião sobre o treinamento, até o momento?
2. O programa está ou não sendo desenvolvido conforme o previsto?
3. Como é o relacionamento do instrutor com o grupo?
4. O que você pensa a respeito da abordagem do conteúdo que está sendo apresentado?
5. O que você pensa a respeito da aplicabilidade desse treinamento em seu trabalho?
6. Você está ou não entusiasmado para introduzir mudanças em seu trabalho, a partir desse treinamento?
7. Observações:

b) O coordenador da Avaliação/Treinamento ou analista de treinamento entrevista um gestor sobre o desempenho de um funcionário de sua equipe que realizou um treinamento fora da empresa. O objetivo é verificar a mudança de comportamento do funcionário em seu cargo, após 15 dias do término do treinamento. O questionário, a seguir, é um exemplo de roteiro que o analista prepara. Conforme as respostas do entrevistado, ele ajusta, faz, ou não, a pergunta seguinte.

Avaliação do Treinamento: ....

Funcionário: .... Setor: ....

Entrevistador: .... Data: ....

Avaliação da Mudança de Comportamento no Cargo

1. Como está o comportamento do funcionário, após o treinamento?

2. O que você tem feito para encorajar o funcionário e apoiá-lo, neste período pós-treinamento?

3. Você teve ou não condições de avaliar os novos conhecimentos adquiridos por ele?

Em caso positivo, o que você constatou?

4. Quais as mudanças observadas em seu desempenho?

5. Ele apresentou ou não sugestões para melhorias no trabalho?

Em caso positivo, como você avalia essas sugestões?

6. As melhorias introduzidas tiveram, ou não, efeitos sobre os resultados da equipe?

Quais foram?

7. Como você avalia esse treinamento?

8. Você indicaria, ou não, esse treinamento para outro funcionário com o mesmo problema/na mesma situação?

c) O coordenador da Avaliação/Treinamento ou analista de treinamento entrevista um gestor sobre o desempenho de sua equipe, após o treinamento realizado, para resolver os seguintes problemas:

— alto número de reclamações sobre vazamentos

— retrabalho em peças mecânicas

— retrabalho em peças elétricas

— perda de tempo no processo de trabalho

O objetivo da entrevista é verificar os resultados obtidos com o desempenho da equipe, após 30 dias, utilizando o seguinte instrumento:

Avaliação do Treinamento: ....

Gestor: .... Setor: Ar condicionado

Entrevistador: .... Data: ....

Avaliação de Resultados do Treinamento

A) Após 30 dias, como está o desempenho de sua equipe em relação à situação anterior ao treinamento?

Responda baseando-se em suas tabelas de controle da produção.

Participantes do treinamento:

1.

2.

3.

4.

Situação atual *itens considerados:*	Melhor	Igual	Pior
— número de reclamações sobre vazamentos			
— retrabalho em peças mecânicas			
— retrabalho em peças elétricas			
— tempo no processo de trabalho			

B) Qual é a sua conclusão sobre o treinamento realizado?

d) O cordenador da Avaliação/Treinamento ou analista de treinamento entrevista um Instrutor sobre a execução do Plano de Treinamento que está sendo realizado pela primeira vez na empresa. O objetivo é acompanhar a execução desse Plano de Treinamento e identificar fatores facilitadores e restritivos ao mesmo. E usa um roteiro para fazer a entrevista.

Avaliação do Treinamento: ....

Instrutor: .... Setor: ....

Entrevistador: .... Data: ....

Avaliação da Execução do Plano de Treinamento

Roteiro:

1. Atendimento ao planejado
2. Reações dos treinandos
3. Condições de apoio logístico ao treinamento
4. Participação dos treinandos
5. Aproveitamento dos treinandos
6. Variáveis que estejam influenciando o treinamento
7. Mudanças ocorridas no plano
8. Expectativas da empresa com o treinamento
9. Comentários

3.2. Questionário

Caracterização

O questionário é constituído por uma série ordenada de perguntas a serem respondidas por escrito. É uma técnica indireta de coleta de dados, ou seja, ele é estruturado de forma a que cada pessoa possa preenchê-lo sozinho, sem interagir com quem o enviou.

As pessoas são selecionadas para responder ao questionário por terem informações relevantes sobre o objeto de avaliação que está sendo pesquisado.

Vantagens

A maior vantagem do questionário é a sua aplicação a um grande número de pessoas simultaneamente, gerando uma grande quantidade de dados em pouco tempo. Neste sentido, economiza tempo do coordenador da avaliação. Além disso, é fácil de tabular e analisar. Considera-se que, pela natureza impessoal do instrumento, há maior uniformidade na avaliação.

Do ponto de vista do respondente, o questionário dá mais liberdade para o registro das suas opiniões, por não se estabelecer uma interação direta com quem pergunta. E, mais, quando as respostas são anônimas, essa liberdade aumenta e ele se sente mais seguro. Nestas condições, considera-se que as respostas sejam mais honestas.

Limitações

O questionário apresenta algumas desvantagens, tais como: exige mais tempo em sua elaboração, já que certos requisitos técnicos são indispensáveis para assegurar sua credibilidade; não permite medir a qualidade das respostas, dando pouca profundidade às informações; pode ser respondido por outra pessoa, que não o informante, ou ser auxiliado por ela; pode induzir a determinadas respostas; pode ser devolvido com questões não respondidas ou ser respondido de forma confusa, não sendo possível seu esclarecimento; pode ser devolvido tardiamente, prejudicando a coleta de dados ou, ainda, pode até não ser devolvido.

Objetivos

O objetivo que se quer atingir com o uso do questionário deve estar claramente expresso, formulando-se a questão "para que se pretende ouvir a opinião das pessoas sobre o tema ...?". Isso porque não só direciona a formulação das perguntas como, após o tratamento dos dados obtidos pelas respostas das pessoas, é preciso interpretar e concluir sobre o que os dados mostram e sua relação com o que se pretendia investigar no início do processo avaliativo.

Na avaliação de treinamento, o questionário é bastante empregado para:

— Levantar dados sobre a eficiência do instrutor durante o treinamento e ao seu final.

— Identificar o grau de aceitação do instrutor pelos treinandos.

— Concluir sobre a qualidade da influência do instrutor na aprendizagem.

— Verificar a adequação do Plano de treinamento às necessidades dos treinandos.

— Levantar a opinião dos treinandos sobre as condições do treinamento.

Na prática, é comum o mesmo questionário servir para verificar a opinião dos treinandos sobre esses objetos de avaliação, quais sejam: o desempenho do instrutor, a execução do Plano de Treinamento e as condições gerais do treinamento, sendo conhecido como “avaliação de reações”.

O questionário também é útil para:

— Levantar a opinião dos gestores sobre determinado treinamento e sobre o aproveitamento dos funcionários de sua equipe, após sua execução.

— Verificar a adequação do Plano de Treinamento às necessidades do setor e dos funcionários.

— Identificar fatores facilitadores e restritivos ao treinamento na opinião dos gestores.

— Levantar a opinião dos instrutores, no caso de serem muitos, sobre questões importantes de sua prática.

Procedimentos

O questionário deve ser cuidadosamente preparado. Os passos a serem seguidos em sua montagem são:

1. Seleção do conteúdo/assunto ou tema a ser investigado, identificando as partes que o compõem.

2. Formulação de perguntas referentes a cada parte do assunto. É recomendável que se elabore duas ou três perguntas para cada parte.

Vejamos os tipos de perguntas. Podem ser “abertas”, “fechadas” ou “item objetivo”. Vamos descrever cada um desses tipos de perguntas:

a) Abertas

São as que permitem ao informante responder *livremente*, usando linguagem própria, e emitir opiniões. Possibilita investigações mais profundas e precisas. Uma limitação ao uso desse tipo de pergunta é a dificuldade do próprio informante em redigir a resposta, quando isso lhe é difícil. Outra, é que a análise dessas perguntas é mais complexa, difícil e demorada.

Ex.: Como você avalia o treinamento?

b) Fechadas

— *Simples*

São as que permitem ao informante fazer uma escolha, no mínimo, entre duas respostas.

Ex.: Os clientes devem ou não avaliar o treinamento?

Sim ( ) Não ( )

— Múltipla escolha

São perguntas que apresentam uma série de possíveis respostas, abrangendo vários aspectos do mesmo assunto. São facilmente tabuláveis e proporcionam uma exploração em profundidade, quase tão boa quanto as perguntas abertas.

— Mostruário

As respostas possíveis estão estruturadas junto à pergunta, devendo o informante assinalar uma ou várias.

Desvantagem: sugere resposta ao informante.

Ex.: Qual é a principal vantagem do questionário?

Escolha apenas uma resposta

a. economizador de tempo

b. fácil de tabular

c. fácil de analisar

d. gerador de dados

— Avaliação

Consiste em emitir um julgamento através de uma escala, com vários graus de intensidade, para um mesmo item.

Ex.: O apoio logístico dado pelo setor de treinamento foi:

excelente ( )

bom ( )

regular ( )

insuficiente ( )

c) Item Objetivo

— Fato

Diz respeito a questões concretas, dados objetivos.

Ex.: Qual é o seu cargo?

— Ação

As perguntas referem-se a atitudes ou decisões tomadas pelo indivíduo. São objetivas, diretas.

Ex.: O que você fez em seu setor, no retorno do treinamento?

— Intenção

Tenta-se averiguar o procedimento da pessoa em determinadas circunstâncias.

Ex.: Que técnicas você pretende aplicar após o treinamento?

— Opinião

Tenta-se averiguar o que as pessoas pensam sobre uma questão.

Ex.: Em sua opinião, qual deve ser a participação do gestor no retorno do funcionário de um treinamento?

3. Escolha da(s) pergunta(s) mais importante(s) de cada parte, isto é, as que oferecem condições de obter respostas válidas, tendo em vista o objetivo que se quer atingir.

4. Análise do total de perguntas. Faz-se, novamente, uma seleção se for considerado muito grande o número de perguntas feitas.

5. Redação das instruções para o seu preenchimento.

6. Elaboração de uma minuta com as instruções e as perguntas selecionadas.

7. Análise quanto à apresentação física, tendo em vista o *tamanho, facilidade de manipulação, espaço* suficiente para respostas *e disposição* dos itens. Sua estrutura se compõe de, no mínimo, quatro partes, como é mostrado a seguir.

Apresentação do Questionário

Dados de Identificação:

Instruções: *Este questionário tem por objetivo ....* *É composto de .... partes e ..... questões do tipo ....* *Solicitamos que seja devolvido até o dia .... através de ...* *Não é necessário assinar!*

Espaço para as questões

Comentários/sugestões:

8. Teste com pessoas de características semelhantes às que responderão ao questionário.

9. Análise do resultado do teste, reformulando-o, se necessário,

10. Redação de sua última versão.

11. Impressão do número total de questionários.

12. Distribuição às pessoas selecionadas. Pode ser enviado por um portador, via malote, correio ou correio eletrônico. A devolução, após o seu preenchimento, pode ser feita da mesma forma. No caso de ter sido oferecido o anonimato, é preciso providenciar uma forma de devolução na qual essa condição seja preservada.

13. Contagem dos questionários devolvidos preenchidos/não devolvidos.

14. Tabulação das respostas de todos os respondentes por questão.

15. Preparação da apresentação dos dados tabulados.

16. Interpretação dos dados.

17. Elaboração do relatório.

18. Comunicação aos envolvidos.

A seguir são apresentados dois exemplos do uso do questionário na Avaliação Sistemática de Treinamento:

a) O primeiro refere-se à situação na qual o coordenador da Avaliação/Treinamento ou analista de treinamento encaminha um questionário ao gestor de um determinado setor para avaliação do desempenho de um grupo de funcionários que esteve em treinamento, 15 dias após o término do mesmo.

b) O segundo questionário refere-se à situação na qual o coordenador da Avaliação/Treinamento ou analista de treinamento encaminha um questionário a um grupo de funcionários que participou de uma conferência, fora da empresa, feita por um especialista no assunto, no dia seguinte à realização da mesma.

Avaliação do Treinamento: ....

Setor: .... Gestor: ....

Funcionários: .... Data: ....

Avaliação de Mudança de Comportamento no Cargo

Solicitamos que responda a este questionário sobre como está a situação atual de seu desempenho, após a realização do treinamento identificado acima. Considere, apenas, os funcionários de seu setor que participaram do mesmo, a partir das necessidades específicas identificadas.

A primeira parte contém 3 perguntas objetivas. A segunda é uma pergunta aberta e a terceira, destina-se a seus depoimentos.

Por favor, para responder consulte seus registros de produção e controle. Aguardamos seu retorno até o dia ......

I. Escolha a alternativa que corresponde à sua realidade:

a) Os itens de segurança no trabalho estão sendo *sempre* atendidos por ...

( ) todos os funcionários

( ) quase todos funcionários

( ) metade dos funcionários

( ) alguns dos funcionários

b) As ferramentas de trabalho estão sendo, *sempre*, adequadamente cuidadas por ...

( ) todos os funcionários

( ) quase todos funcionários

( ) metade dos funcionários

( ) alguns dos funcionários

c) A qualidade da afiação dos instrumentos é, *sempre*, satisfatoriamente realizada por ...

( ) todos os funcionários

( ) quase todos funcionários

( ) metade dos funcionários

( ) alguns dos funcionários

II. Responda:

Tendo em vista a análise da situação atual, na sua opinião ainda existem, ou não, problemas de desempenho relacionados a esse treinamento?

III. Suas sugestões e/ou comentários.

Avaliação da conferência: ....
Nome do conferencista: ....
Entidade promotora: .... Setor: ....
Funcionário: .... Data: ....

Avaliação da Conferência

Este questionário pretende levantar as opiniões dos funcionários que participaram dessa conferência. A primeira parte investiga dados sobre o respondente, a segunda, sobre a conferência e a terceira, sobre o conferencista. Ao final, há espaço para seus comentários. Por favor, seja franco em suas respostas. Encaminhe ao setor de .... no prazo de 3 dias.

Parte I

Meu nível de conhecimento sobre o tópico da conferência é:

☐ Eu tenho muito pouco ou nenhum conhecimento deste tópico.

☐ Eu tenho um pouco de conhecimento e experiência neste tópico.

☐ Eu tenho uma quantidade significativa de conhecimento e qualificação como especialista neste tópico.

Parte II

1. Como você avalia a conferência, quanto a ...

	Excelente	Muito bom	Adequado	Pobre
a) consistência do conteúdo?	4	3	2	1
b) conteúdo correspondente à descrição do programa?	4	3	2	1
c) acréscimo de novas informações?	4	3	2	1
d) ajuda aos seus problemas e questões específicas?	4	3	2	1
e) conteúdo ao encontro das suas expectativas?	4	3	2	1

2. Para você, o nível desta conferência foi ...

☐ bastante avançado ☐ ótimo para minhas necessidades ☐ muito básico

Parte III

Como você avalia o conferencista, quanto a ...

	Excelente	Muito bom	Adequado	Pobre
a) clareza na apresentação do conteúdo?	4	3	2	1
b) dinâmica da conferência?	4	3	2	1
c) conhecimento do assunto?	4	3	2	1
d) uso de recursos visuais, claros e legíveis?	4	3	2	1
e) materiais instrucionais úteis?	4	3	2	1
f) respostas satisfatórias a questões?	4	3	2	1

Comentários:

3.3. Observação

Caracterização

A observação é uma técnica de coleta de dados através da qual os fenômenos são estudados diretamente pelo observador, permitindo a obtenção de dados significativos da realidade. É um meio de medir por descrição, classificação e ordenação, ou seja, os dados observados são descritos, categorizados e dispostos em uma ordem determinada. Neste sentido, com o caráter de investigação, constitui um rico meio de avaliação.

São inúmeras as situações em que se pode utilizar a observação na Avaliação de Treinamento, como: observar funcionários executando tarefas que estão apresentando problemas, antes e depois de treinamentos, em situações de atendimento a clientes ou fornecedores, comunicação e relacionamento interpessoal na equipe, no uso de equipamentos de segurança, na operação de equipamentos. Durante o treinamento, observar o desempenho dos instrutores de treinamento e a participação dos treinandos.

Os dados coletados de forma sistemática podem auxiliar na avaliação e em conclusões consistentes e significativas ao contexto do treinamento.

Vantagens

Esta técnica permite o registro simultâneo, enquanto o observador coleta os dados em uma determinada situação. Dispensa a cooperação do observado uma vez que o mesmo continua suas atividades enquanto é observado. Requer pouco tempo de preparação, ou seja, o observador pode planejar, elaborar instrumentos e comunicar-se com os envolvidos com rapidez.

Limitações

A observação possibilita que a pessoa observada modifique seu comportamento, durante a observação, caso ela esteja muito preocupada com a situação, modificando os dados pesquisados. Pode ocorrer, ainda, que nos momentos predeterminados para a observação, os fenômenos desejados de ser observados não aconteçam, acarretando perda de tempo para o observador. Também, se forem muitas as pessoas a serem observadas, pode onerar o observador em termos de tempo para coletar os dados desejados.

Papel do observador

Importante destacar que o observador precisa ser preparado para esse papel, pois requer fundamentação e treinamento. São requeridas algumas capacidades, como percepção acurada, atenção e concentração nos aspectos que constituem o foco da sua observação, deixando outros de lado, uso da memória, da análise e da comunicação. Em termos de atitudes, espera-se do observador imparcialidade no sentido de evitar induzir ou influir nos dados; objetividade no sentido de manter-se observando aspectos selecionados; honestidade, apresentando os dados realmente observados sem omissões; discrição para que dados sigilosos não sejam divulgados de forma inadequada e inoportuna; e prudência, evitando inferências e especulações prematuras.

Na observação não-participante, isto é, na qual o observador não interage com os observados, ele deve manter-se um pouco distante da cena observada, não interferindo no que está observando. Além disso, para evitar perda de dados, deve desenvolver a habilidade de registro, ao mesmo tempo que observa.

Assim, espera-se que o observador elabore um planejamento cuidadoso, selecione somente fenômenos passíveis de observação, prepare-se para a tarefa e descreva os fenômenos observados tal como ocorrem, sem interpretações pessoais, as quais deverão acontecer posteriormente à coleta e comunicação dos dados observados.

Objetivos

Na avaliação de treinamento, a observação pode ser usada para:

— Obter informações sobre o desempenho do funcionário em determinadas tarefas, antes e depois de um treinamento.

— Investigar as reações dos treinandos ao desempenho do instrutor do treinamento, durante e ao final do mesmo.

— Levantar dados sobre o desempenho do instrutor, durante e ao final do treinamento.

— Verificar a participação dos treinandos durante o treinamento.

Procedimentos

O uso da observação na Avaliação de Treinamento deve acontecer de forma sistemática, ou seja, a observação deve ser feita de forma metódica, em diversas situações, no sentido de obter material suficiente e propiciar conclusões fundamentadas.

Os passos são:

1. Estruturação do plano de observação, respondendo às questões básicas:

Plano de Observação

Para que observar?	
O que observar?	
Em que situação?	
Quantas vezes será necessário observar?	
Quanto tempo vai durar cada período de observação?	
Como serão registrados os dados?	
Quem precisa ser informado?	

2. Preparação do instrumento que será usado, após ter respostas às perguntas.

3. Contato com as pessoas envolvidas na observação. Por exemplo, se o analista de treinamento vai observar o desempenho de um instrutor, durante a execução do mesmo, deve haver uma conversa anterior sobre o foco da observação, o objetivo, a situação a ser observada, a data e o tempo de duração. Considerando as normas de ética que devem orientar a Avaliação do Treinamento, é recomendável que as pessoas a ser observadas sejam previamente preparadas, tomando conhecimento do plano de observação e do instrumento a ser utilizado.

4. Realização das observações nos dias e horas combinados.

5. Organização dos registros de observações: revisar o preenchimento de todos os dados, conferir sua consistência e verificar se os dados coletados contêm informações suficientes ao alcance dos seus objetivos.

6. Tabulação dos dados coletados, classificando-os.

7. Análise e interpretação, tendo em vista os objetivos desejados.

Instrumentos

Os instrumentos usados para o registro de observação são fichas especialmente estruturadas, escalas e *check-list.*

a) Ficha de observação

Instrumento organizado pelo próprio observador, para seu registro descritivo, durante a observação. Pode conter algum aspecto ou comportamento ou estar totalmente em branco para a descrição do que está sendo observado.

Exemplo:

Dados de identificação: Empresa: Departamento: Setor: Funcionário: Observador: Foco:
Espaço para registro
Observações:

b) Check-list

Consiste numa lista contendo todos os aspectos a serem observados, referentes a um objeto de avaliação, que foram previamente selecionados. Esses aspectos orientam o registro durante a observação, sendo assinalados se ocorrem ou não. É, pois, um instrumento muito prático de ser usado, desde que todos os comportamentos ou aspectos a ser observados estejam ali contidos.

Outras ocorrências significativas podem ser registradas no campo "Observações".

Dados de identificação: Empresa: Departamento: Setor: Funcionário: Observador: Foco:			
Comportamentos:	Dia: Hora:	Dia: Hora:	Dia: Hora:
a) Usa corretamente os materiais da operação			
b) Preenche a ficha de controle			
c) Segue as etapas da operação			
Observações:			

c) Escala de avaliação gráfica

É formada por uma linha contínua, com categorias ao longo da mesma, para guiar o registro do fenômeno observado.

Dados de identificação: Empresa: Departamento: Setor: Funcionário: Observador: Foco:
O funcionário participa positivamente na análise do problema em sua equipe? (dá informações, dá sugestões, apóia, ajuda a esclarecer fatos...) /____/____/____/____/____/____/ sempre / quase sempre / muitas vezes / poucas vezes / quase nunca / nunca
Observações:

d) Escala de avaliação gráfica — numérica

Consiste em uma linha contínua com números, em intervalos regulares ao longo da mesma, para guiar o registro do fenômeno observado.

O observador, enquanto observa, assinala na escala a posição que corresponde ao que está acontecendo.

Dados de identificação:
Empresa:
Departamento: Setor:
Funcionário: Observador:
Foco:

O funcionário oferece ajuda a outros, quando precisam?

situação mais positiva				situação mais negativa
Data:	1	2	3	4
Data:	1	2	3	4
Data:	1	2	3	4

Observações:

Dados de identificação:
Empresa:
Departamento: Setor:
Funcionário: Observador:
Foco: Data:

CONVENÇÃO — NÍVEIS:
0 (zero) = não evidencia o comportamento
1 (um) = evidencia com pouca freqüência o comportamento
2 (dois) = evidencia de forma freqüente o comportamento
3 (três) = evidencia de forma freqüente e adequada o comportamento

Comportamentos evidenciados	*Níveis*			
a) Mantém limpo e organizado o local de trabalho	0	1	2	3
b) Regula o equipamento	0	1	2	3
c) Utiliza os EPIs indicados	0	1	2	3

Observações:

3.4. *Teste*

Caracterização

O teste é o meio mais comum e mais utilizado por professores, em geral, para avaliar os resultados de aprendizagem.

Pode ser construído de diferentes formas, desde que atenda a normas técnicas e esteja em consonância com o que foi efetivamente desenvolvido.

Vantagens

Os dados podem ser obtidos de forma rápida.

Possibilita identificar os conhecimentos adquiridos, em diferentes áreas do conhecimento e em diferentes níveis de pensamento.

No teste escrito, as respostas ficam documentadas, facilitando a análise e o *feedback* posterior.

Limitações

A sua construção exige domínio e conhecimento do assunto, domínio de tipos de aprendizagem e conhecimento técnico em termos de elaboração de questões.

Deve ser elaborado em correspondência ao que efetivamente foi desenvolvido pelo instrutor. Quando isso não acontece, os resultados não representam as aprendizagens feitas pelos treinandos.

Tipos

Os testes podem ser estruturados, quando compostos por questões objetivas, e não estruturados, quando compostos por questões abertas, dissertativas. Também, é possível uma combinação de questões objetivas e outras, abertas.

Objetivos

Na Avaliação Sistemática de Treinamento, o teste cognitivo serve para:

— Investigar as aprendizagens realizadas pelos treinandos no treinamento, durante, ao final e em período posterior.

Procedimentos

As etapas para a realização do Teste Cognitivo — escrito — são:

1ª etapa: Elaboração do teste

Para assegurar consistência e fidedignidade aos conteúdos desenvolvidos, a construção do teste apresenta os seguintes passos:

1. Análise da formulação dos objetivos de aprendizagem

No Plano de Treinamento, verifica-se quais foram os objetivos de aprendizagem previstos. Quando se tratar de objetivos específicos, alcançáveis em curto espaço de tempo, eles são os orientadores dos níveis de questões a serem elaboradas. Objetivos específicos apontam para tipos de aprendizagens, desde as mais simples às mais complexos, tais como: a *identificação* e reconhecimento de dados, fatos ou idéias; *caracterização* de atributos de fatos ou idéias; *comparação* de dados, fatos ou idéias; estabelecimento de relações de ordem, de inclusão, de causa e efeito ou associações entre dados, fatos ou idéias; *classificação* de dados, fatos ou idéias; *conclusão; análise; síntese; aplicação*, ou seja, transferência de conhecimentos teóricos para a prática. Esses níveis sublinhados em seqüência correspondem à taxionomia de objetivos cognitivos[9]. Convém lembrar que a formulação de objetivos de aprendizagem com uma linguagem clara, precisa e que expressem especificamente os comportamentos ou desempenhos esperados é fundamental para orientar a avaliação das aprendizagens.

2. Seleção dos conteúdos

Trata-se da seleção dos conteúdos considerados mais importantes, entre os que foram desenvolvidos no treinamento, e que devem efetivamente constar da avaliação. Podem ser excluídos os conteúdos irrelevantes ou os secundários.

3. Montagem de uma Tabela de Especificação

A partir da identificação dos objetivos e da seleção dos conteúdos, é possível construir uma Tabela de Especificação. Essa tabela auxilia no controle dos graus de dificuldade das questões e do número de questões de forma a manter-se um equilíbrio entre questões difíceis e fáceis.

A montagem de uma Tabela de Especificação é a construção de uma tabela de dupla entrada na qual relacionam-se, de um lado, os *objeti-*

(9) SEC-RS, 1972.

vos de aprendizagem do treinamento, e de outro, os *conteúdos* selecionados.

Com essa visualização é possível planejar com segurança a construção de um teste, distribuindo o número de questões conforme a importância dos conteúdos e o nível dos objetivos trabalhados no treinamento.

Por exemplo, se um teste vai ser composto de 20 questões, estas devem abranger todos os conteúdos. Ainda, é preciso que haja questões difíceis e fáceis sobre aqueles conteúdos.

O teste, com essa graduação de dificuldades, possibilita aos treinandos apresentar seu nível de aprendizagem. Ao instrutor, saber o nível de aprendizagem em que se encontra cada treinando.

O quadro abaixo mostra uma Tabela de Especificação.

Níveis de objetivos **Conteúdo**	**Identificar**	**Comparar**	**Concluir**	**Aplicar**	**Total de itens**
Avaliação					
Funções da Avaliação					
Normas de Avaliação					
Total de itens					

4. Definição do formato do teste

A definição do formato do teste refere-se, primeiro, à escolha entre teste escrito ou teste prático. Segundo, aos tipos de questões a serem usadas, no caso do teste escrito. Por exemplo, múltipla escolha, verdadeiro ou falso, etc.

A escolha do tipo de questão está relacionada ao grau de dificuldade que pode apresentar para os treinandos.

A seguir são caracterizados alguns tipos de questões para medir os níveis de conhecimentos adquiridos através de teste escrito.

Dissertação

A contribuição deste tipo de questão é exigir o desenvolvimento de uma resposta baseada nos recursos e experiências do treinando, servindo para medir capacidades de mais alto nível, ou seja, resultados de aprendizagem complexos, tais como: compreensão, aplicação, análise, síntese e avaliação.

Consiste geralmente em questões que requerem do treinando respostas mais elaboradas, nas quais ele deve: explicar, comentar, resumir, fornecer razões, etc.

Há relativa liberdade na resposta quanto à sua amplitude, extensão e organização.

Ex.: Explique as diferenças essenciais entre a Avaliação de Reações e de Aprendizagem.

Resposta curta

Consiste em uma questão que pode ser respondida com uma palavra ou frase curta. Pode ter a forma de uma pergunta direta ou afirmação incompleta.

Ex.: RALPH TYLER ficou conhecido por propor a Avaliação centrada ....

Combinação

Requer dois (ou mais) tipos de dados que possam ser relacionados. Também chamada associação.

Ex.: Numere os parênteses da segunda coluna, em correspondência ao que englobam os termos da primeira coluna:

	( ) aspecto quantitativo
1. avaliar	( ) aspecto qualitativo
2. medir	( ) julgamento de valor
	( ) atribuição de número

Certo-errado

Consiste geralmente em uma sentença afirmativa que possibilita duas respostas possíveis: sim — não; certo — errado; falso — verdadeiro.

Ex.: Assinale a alternativa que julgar correta, considerando a seguinte afirmação: As provas de dissertação diminuem a influência do fator sorte. Falso ( ) verdadeiro ( ).

Múltipla escolha

Consiste, basicamente, num suporte, premissa ou raiz que apresenta uma situação problemática, e *em várias alternativas* que oferecem as possíveis soluções ao problema, sendo uma delas a correta ou a melhor do conjunto.

Resposta única

A raiz é seguida de uma única alternativa correta e de outras incorretas, mas plausíveis para quem desconhece o assunto ou não possui a capacidade testada. A resposta correta não deve admitir dúvidas.

Ex.: Segundo Scriven, a avaliação é...

• o processo de determinar até que ponto os objetivos foram alcançados;

• o processo de delinear, obter e proporcionar informação útil para o cliente na hora de julgar opções de decisão;

• o processo de determinar as discrepâncias entre a realização do trabalho e as normas estabelecidas;

• o cálculo do valor.

Resposta múltipla

Admite várias respostas corretas, que devem ser assinaladas, usando um determinado código. Exige a indicação de todas as respostas corretas e não apenas a indicação da melhor resposta.

Ex.: Para responder ao item, use a seguinte chave:

(A) I e II

(B) I e III

(C) II e III

(D) I, II e III

Quais das afirmações abaixo estão corretas:

I — O domínio da teconologia de testes é a principal qualidade de um bom construtor de item.

II — O domínio sobre o assunto possibilita elaborar itens relevantes e apresentar alternativas plausíveis.

III — O conhecimento das características educacionais e psicológicas dos alunos é condição para a escolha adequada do conteúdo de um item.

5. Construção dos itens do teste

A construção dos itens do teste refere-se à elaboração de questões, a partir da Tabela de Especificação e da escolha dos tipos de questões.

Alguns cuidados são importantes e devem ser observados:

Quanto ao planejamento:

— O teste precisa medir a compreensão dos conteúdos de treinamento mais do que a memorização. Construir questões e respostas que sejam definidas, precisas e objetivas, evitando armadilhas e não reproduzindo afirmações de textos trabalhados ou do manual. Também, evitar questões ambíguas.

— É recomendável colocar no início do teste algumas questões fáceis.

Cada item:

— deve medir um resultado importante da aprendizagem; deve ser independente dos outros itens do teste, ou seja, não é "pista" para responder a outras questões;

— no suporte do item um único problema deve ser claramente formulado;

— todas as alternativas devem ser gramaticalmente coerentes com o suporte do item, formalmente paralelas, plausíveis e atrativas para os que desconhecem o assunto;

— linguagem: simples e clara, apropriada ao nível de leitura dos treinandos e, sempre que possível, o suporte deve ser redigido na forma afirmativa.

6. Análise da validade do conteúdo

A análise da validade do conteúdo do teste é realizada quando o mesmo tiver sido construído, examinando todos os seus aspectos.

As questões seguintes devem ser respondidas afirmativamente, no sentido de providenciar validade ao conteúdo:

— Todos os itens do teste estão relacionados a conhecimentos e habilidades necessários à execução das tarefas no trabalho?

— Conhecimentos e habilidades que não são necessários às tarefas no trabalho, não têm lugar num teste de competência.

7. Revisão das questões

A revisão das questões faz-se necessária para evitar que descuidos ou erros possam comprometer a validade do teste.

8. Elaboração das instruções

As instruções são elaboradas no sentido de orientar os treinandos sobre a estrutura do teste e os procedimentos adequados para a solução das questões, o tempo disponível e o que mais se fizer necessário.

Por exemplo:

"Este teste compõe-se de ... partes. A primeira parte é composta de ... questões abertas/objetivas. A segunda parte é composta de ...

Siga atentamente as instruções de cada questão antes de respondê-la.

Você terá ... tempo para o teste".

As instruções, para cada grupo de questões, devem ser objetivas e claras, como: responda, assinale com uma cruz, sublinhe.

9. Revisão final

Após uma primeira impressão do teste, faz-se necessária uma nova revisão. Verifica-se a adequação do número de questões, a clareza das alternativas, a precisão das instruções e a correção lingüística. Além disso, é preciso apresentação física das questões, da qualidade da impressão e da distribuição das questões na página, isto é, a questão — suporte e suas alternativas — deve ficar toda ela numa mesma página, sempre. Somente, então, providenciar a multiplicação das cópias correspondente ao número de treinandos.

2ª etapa: Aplicação do teste

A aplicação do teste se dá no dia e hora combinados.

Todas as instruções devem ser claramente fornecidas, oralmente ou por escrito, assim como, devem ser providenciadas as condições adequadas para que os treinados fiquem concentrados exclusivamente na realização desse teste. Por exemplo, evitar ruídos, como os de telefone celular ou outro, conversas de outras pessoas, entrada e saída de pessoas na sala, etc.

3ª etapa: Correção do teste

A correção do teste de cada um dos participantes é realizada de acordo com a chave de correção, anteriormente elaborada, marcando-se o acerto ou erro de cada questão, de alguma forma, ao lado da mesma.

Quando é atribuída nota ao teste, o valor de cada questão também deve ser informado.

4ª etapa: Análise e interpretação

Após a correção das respostas, levantamentos devem ser feitos, tendo em vista a busca de informações sobre a eficiência do teste, o aproveitamento de cada treinando e do grupo.

No próximo tópico, essa técnica é apresentada com detalhes. No entanto, exemplificamos, a seguir, esses três levantamentos, que são essenciais para a interpretação e conclusões finais do instrutor sobre o teste, isto é, o teste foi bem construído e permitiu a verificação dos conhecimentos adquiridos pelos treinandos; cada um destes obteve rendimento satisfatório e a maioria do grupo demonstrou evolução.

a) Levantamento do número de acertos e erros em cada questão

Levantamento das respostas dadas no teste — por questão

N. questões: / **Resposta:**	**1**	**2**	**3**	**4**	**5**	**...**	**Total**
N. acertos							
N. erros							
N. em branco							
Total de participantes							

O quadro apresentado acima deve ser examinado, identificando-se o percentual do grupo que acertou, que errou, que não respondeu a algum item. Diferenças significativas devem ser mais investigadas pelo instrutor.

b) Levantamento das notas (quando houver) obtidas por cada participante

Levantamento das notas obtidas no teste

	Nota obtida
Nome dos participantes	
Total de participantes	

c) Levantamento do número de pessoas que atingiu o nível considerado satisfatório

Levantamento do resultado final

Resultado final	**Atingiram o mínimo**	**Não atingiram o mínimo**
N. de participantes		
% de participantes		

3.5. Análise e Interpretação

Caracterização

Análise é um procedimento de pesquisa que permite a decomposição ou exame das partes de um todo para conhecê-las, estabelecer relações entre elas e com o todo, usando-se o raciocínio dedutivo ou indutivo. Neste sentido, é usada como um importante meio no processo de avaliação de treinamento.

Interpretação dos dados é a atividade intelectual de discussão dos resultados encontrados, de apresentação do seu significado, de indicação dos pontos mais importantes, e os vínculos de tais resultados com os objetivos propostos. Também, é o momento de comparação e confrontação com estudos de teóricos ou de outras pesquisas.

Vantagens

A análise permite conduzir a investigação a detalhamentos, torna possível o conhecimento aprofundado do objeto avaliado, dando mais consistência e segurança ao julgamento final do avaliador.

Na Avaliação Sistemática de Treinamento, a análise pode ser empregada para examinar qualquer objeto que está sendo pesquisado, em qualquer momento. Por exemplo, a partir da aplicação de um questionário para pesquisar as reações dos participantes de um treinamento, ela é utilizada para examinar o percentual de satisfação e insatisfação dos mesmos. Ao final do treinamento, quando da aplicação do teste de conhecimentos, auxilia na tabulação das respostas, classificação de aprovados e reprovados, e na interpretação do nível das aprendizagens realizadas pelos treinandos. Ou, após o treinamento, colabora no exame do comportamento dos participantes em seu local de trabalho, através de observações, contribuindo na classificação e relacionamento entre os dados encontrados. A análise também é útil e necessária ao final da aplicação de várias técnicas de avaliação, facilita o exame geral do que foi produzido por todas elas.

São, pois, inúmeras as oportunidades do uso da análise em um processo avaliativo.

Limitações

O tratamento dos dados coletados é pré-requisito para realização da análise, ou seja, as categorias devem ter sido definidas, previamente.

O avaliador necessita conhecer os aspectos analisados para poder estabelecer-relações e interpretar os dados encontrados.

Objetivo

Na Avaliação Sistemática de Treinamento a análise e a interpretação servem para auxiliar no exame de dados, elementos, fatos, opiniões, conhecimentos, comportamentos, e para obter resultados encontrados na pesquisa, suas inter-relações e explicações sobre seu significado, tendo em vista a elaboração de conclusões e/ou a tomada de decisões fundamentadas.

Procedimentos

Análise é pré-requisito para a interpretação dos dados.

A análise é iniciada pelo tratamento dos dados coletados e, depois, passa-se a estruturar a apresentação dos mesmos.

O tratamento dos dados abrange as operações de Classificação dos dados, Tabulação e Distribuição de Freqüência apresentadas a seguir, de forma sucinta:

Classificação dos dados

Classificar significa organizar ou ordenar uma série de dados em diferentes classes, em uma ou mais variáveis. Na classificação, um todo ou universo — pessoas, coisas, acontecimentos — é dividido em partes, como classes ou categorias: sexo, idade, nacionalidade, etc.

Os dados são agrupados em categorias para serem analisados. Pessoas e coisas podem ser descritas em termos quantitativos ou qualitativos.

a) Quantitativos: focalizados em termos de grandeza ou quantidade de fator presente em uma situação. Os caracteres possuem valores numéricos, isto é, são expressos em números. Exemplos: peso, tamanho, custo, produção, etc.

b) Qualitativos: baseados na presença ou ausência de alguma qualidade ou característica e também na classificação de tipos diferentes de dada propriedade.

Tabulação

Consiste na arrumação dos dados em tabelas de maneira a permitir a verificação das relações que eles guardam entre si.

A principal operação na tabulação é a contagem, para determinar o número de casos que concorda com as várias categorias.

Pode ser feita manualmente, nos casos mais simples.

Importância do Treinamento

Nível na escala	**Número de respostas**
Muito importante	////////////
Importante	///

Distribuição de freqüência

Resume-se na apresentação dos dados tabulados em duas colunas: uma, com as qualidades diferentes de um atributo, ou valores diferentes de uma variável; e na outra coluna, a freqüência da ocorrência de cada uma das classes.

Nível na escala	**Número de respostas**
Muito importante	12
Importante	3

Apresentação dos dados

Os dados podem ser apresentados de três formas:

1. Representação escrita, ou seja, a apresentação dos dados em forma de texto.

Exemplo:

Importância do Treinamento

De acordo com os dados tabulados, verifica-se que 12 pessoas acharam que o treinamento, naquele dia, foi muito importante, entre os 15 que assinalaram na escala, e 3 pessoas acharam que o treinamento foi importante, mas não em seu grau máximo.

2. Uso de tabelas que é disposição gráfica das séries em colunas ou fileiras horizontais de acordo com determinada ordem de classificação.

Exemplo:

Importância do Treinamento

Nível na escala	**Número de respostas**
Muito importante	12
Importante	3
Sem importância	0
Total	15

3. Uso de gráficos e representação geométrica através de figuras variadas, as quais permitem uma compreensão imediata do fenômeno em questão

Exemplo:

Importância do Treinamento

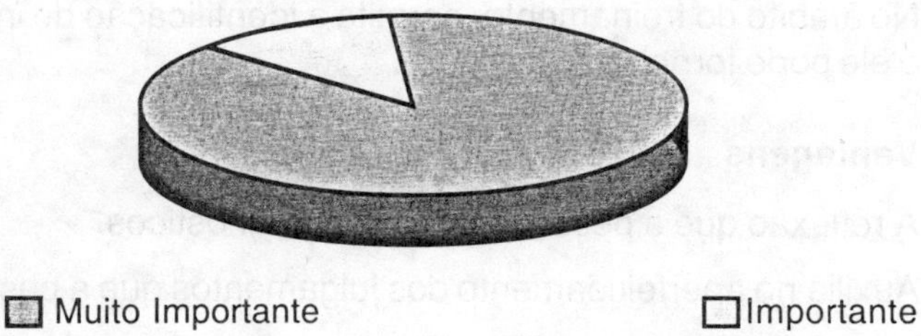

É muito importante salientar que a data em que os dados foram coletados deve constar em sua apresentação, pois permite, em qualquer tempo, associar de forma adequada os dados a uma situação específica.

Interpretação

É a atividade intelectual de estabelecimento de relações entre os dados, a partir de tabelas e gráficos, buscando mostrar o significado do que está demonstrado, considerando os objetivos que deram origem ao processo de avaliação. Pode-se fazer associações com outras realidades, com outras pesquisas, com idéias de autores, assim como chegar a conclusões, paticulares ou gerais, fazer recomendações e previsões.

O coordenador da avaliação registra as suas observações, apontado os aspectos mais significativos apresentados nas tabelas ou gráficos, sendo positivos ou negativos. Faz comentários que considerar adequados, relaciona com outros dados e fatos do seu conhecimento, assim como coloca as suas sugestões e recomendações. Isso poderá ser feito em relatórios parciais ou ao final de toda a avaliação.

No exemplo apresentado, ele poderia dizer que a maioria do grupo considerou aquele dia de treinamento muito importante, e acrescentar com alguma observação sobre o que isso representa naquele momento.

3.6. Auto-avaliação

Caracterização

A *auto-avaliação* consiste em uma reflexão que a própria pessoa faz consigo mesma a partir de um roteiro proposto, com itens específicos.

Exige o uso da capacidade perceptiva da pessoa, além de sua vontade em pesquisar, internamente, o que está sendo perguntado.

No âmbito do treinamento, permite a identificação de informações que só ele pode fornecer.

Vantagens

A reflexão que a pessoa faz facilita diagnósticos.

Auxilia no aperfeiçoamento dos julgamentos que a pessoa faz.

Limitação

Depende da capacidade da pessoa de identificar objetivamente os aspectos e atributos solicitados. Acontece de uma pessoa supervalorizar algum item ou fazer o inverso.

É difícil medir o grau de sinceridade da pessoa.

Objetos

- Conhecimentos
- Sentimentos
- Habilidades

Procedimentos

O coordenador da Avaliação ou o instrutor preparam uma ficha com os itens para a pessoa auto-avaliar-se, usando perguntas de questionário, escalas usadas na observação ou questões de teste.

A pessoa responde e as suas respostas devem ser aceitas.

Instrumento

a) Exemplo de ficha para auto-avaliação de cada participante em trabalhos de grupo

Avaliação do Treinamento: ....

Participantes: .... Data: ....

	Contínua	Alternada	Esporádica	Mínima
A minha participação durante a realização da tarefa foi ...				

	Decisiva	Importante	Satisfatória	Inconsistente
A minha contribuição para a realização da tarefa foi ...				

b) Exemplo de ficha para auto-avaliação sobre o grau de conhecimento no início de um treinamento

Avaliação do Treinamento: ....

Participantes: .... Data: ....

Auto-avaliação

Neste momento em que se inicia o treinamento, avalia o seu grau de conhecimento com relação aos seguintes temas:

1. Direitos do paciente	*Completo* ..../..../..../..../..../..../ *nenhum*
2. Legislação de enfermagem	*Completo* ..../..../..../..../..../..../ *nenhum*
3. Rotinas do setor	*Completo* ..../..../..../..../..../..../ *nenhum*

4. *Observações:*

4. Modelo de Avaliação Sistemática de Treinamento

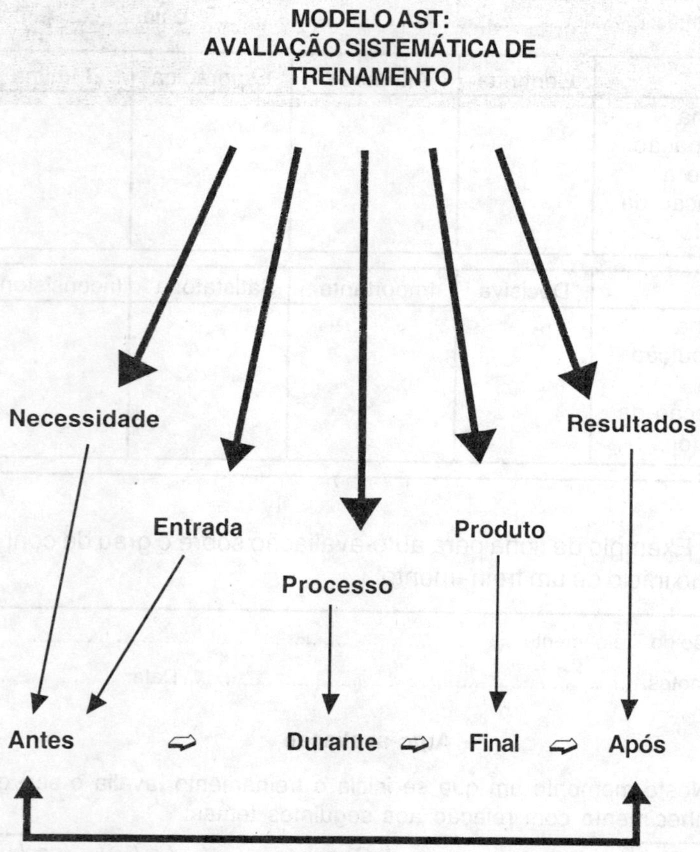

A abordagem da Avaliação Sistemática de Treinamento atende aos seguintes princípios básicos:

— A avaliação de treinamento deve ser ética.

— A avaliação de treinamento deve estar atenta a vários objetos.

— A avaliação de treinamento deve ser realizada em vários momentos.

— A avaliação de treinamento deve ser metódica.

— A avaliação de treinamento deve ser contínua.

— A avaliação de treinamento deve ser compartilhada.

4.1. Avaliação antes do Treinamento

A *Avaliação Sistemática de Treinamento* é iniciada antes do treinamento por dois motivos. Primeiro, porque é preciso julgar se realmente existe um problema de desempenho, cuja solução somente é possível de ser obtida com a realização do treinamento. São tantas as variáveis que interferem no desempenho de um funcionário que, à primeira vista, corre-se o risco de pensar logo no treinamento como uma saída e, depois, constata-se o engano. Segundo, porque é preciso uma conclusão da consistência do plano elaborado e de suas possibilidades de ser capaz de produzir os conhecimentos, as mudanças no desempenho e os resultados desejados.

Objetivos

— Verificar as reais necessidades de treinamento.

— Analisar as possibilidades de sucesso do Plano de Treinamento.

— Diagnostar o nível de conhecimento e o domínio das habilidades.

A citação apresentada é a que se encontra no dicionário mencionado.

Objetos

Os objetos de avaliação nesta etapa inicial, são:

• a situação problemática de desempenho considerada "treinável", conhecida como necessidade de treinamento

• o plano de treinamento, ou seja, a proposta de treinamento concebida como solução a essa situação

• domínio de conhecimentos e habilidades

Avaliação da necessidade de treinamento

Ter como foco de avaliação a *necessidade* significa investigar se é, realmente, *necessário* que ocorra o treinamento, já que envolve custos, esforços e tempo de muitas pessoas. Considera-se que *é necessário o que não pode ser de outro modo* ou *o que não pode passar sem*(10).

---

(10) *Mora, J. F.*, cit., p. 500.

Neste sentido, a análise da necessidade deve demonstrar o que aconteceria se o treinamento não fosse realizado, e que as pessoas indicadas não podem passar sem o treinamento. Caso contrário, o treinamento é dispensável.

Objetivos

— Verificar se o problema de desempenho é "treinável".

— Dimensionar o problema.

Objetos avaliados

Avaliar a "necessidade de treinamento" significa examinar:

- tipo de problema que ocorre na execução da tarefa
- importância da tarefa no setor
- grau de dificuldade da tarefa
- natureza
- abrangência
- repercussões

Procedimentos

1. Solicitação do coordenador/analista de treinamento ao gestor, com problemas de desempenho na equipe, para que descreva, por escrito, a "necessidade de treinamento" em sua equipe/setor. Complementação de mais informações, se for preciso, para a completa caracterização do problema. Isso é fundamental, porque são essas informações iniciais que direcionam a elaboração do Plano de Treinamento e, mais, serão determinantes na comprovação dos resultados, após o treinamento.

2. Análise das partes que compõem esse problema, identificando, no mínimo, tipos de dificuldades nas tarefas, sua importância, se o problema é ou não "treinável", número de pessoas que apresenta o problema, a extensão e suas repercussões.

As perguntas abaixo podem auxiliar na análise:

☛ Existem erros, falhas, lacunas, omissões, dificuldades, atrasos constantes na execução das mesmas tarefas?

Verificar se está ocorrendo um problema de desempenho: erros na execução de tarefas, de cálculos, de digitação ou de operação; atrasos na prestação de informações relevantes, atrasos na entrega de documentos, relatórios ou na entrega de mercadorias; falta de cortesia nos atendimentos aos clientes; falhas no atendimento e comunicação com clientes, fornecedores ou colegas; inexatidão na medição de peças produzidas; conflitos e/ou falta de cooperação na equipe, baixa *performance* em habilidades de negociação, tomada de decisões, etc.;

☛ Essas tarefas são importantes para o desempenho da unidade e o alcance das metas?

Identificar o grau de importância da atividade para o desempenho da unidade, podendo variar de pouca importância, na qual os erros não impedem o alcance das metas, até atividade da maior importância, sem a qual a unidade não funciona. E, ainda, a freqüência com que essa atividade é exercida ou o tempo para sua execução.

☛ As tarefas implicadas no problema são tarefas fáceis ou complexas?

Verificar o grau de dificuldade da tarefa na qual está ocorrendo o problema de desempenho. Trata-se de atividade de pouca ou muita concentração? É de fácil ou difícil aprendizagem? Requer ou não autonomia e tomada de decisões?

☛ O problema está relacionado ao domínio de *conhecimentos*, ao domínio de *habilidades* e/ou do desenvolvimento de *atitudes* e *comportamentos?*

Examinar a natureza do problema, constatando se é um problema que depende da aquisição de *conhecimentos*, de domínio de *habilidades* e/ou do desenvolvimento de *atitudes* e *comportamentos* por parte da(s) pessoa(s) envolvida(s). Esses conhecimentos e/ou habilidades estão diretamente vinculados ao alcance de objetivos e metas do trabalho, da equipe e do setor? Por exemplo, se uma pessoa precisa redigir cartas e apresenta dificuldade na estruturação de frases, a aquisição de conhecimentos de português e o desenvolvimento da habilidade de redação são soluções adequadas ao problema apresentado e, por isso, pode ser classificado como *treinável.* É considerado *não-treinável* o problema que não pode ser resolvido com aprendizagens e que exige ações administrativas, como tomada de decisões, encaminhamento a outros setores e outras pessoas, necessidade de revisão de processos de trabalho, providências quanto à falta de recursos de pessoal, de recursos financeiros ou de recursos materiais, compra de equipamentos, organização do ambiente, revisão de políticas ineficazes, definição de normas, procedimentos e rotinas, organização de manuais, substituição de equipamentos obsoletos, etc. Ou seja, estes são problemas que não se resolvem com aprendizagens.

- Problemas
  - Treináveis
    - Conhecimentos
    - Habilidades
    - Atitudes
  - Não-treináveis — Encaminhamento administrativo
    - Superiores
    - Outros gestores
    - Fornecedores
    - Colegas
    - Clientes

☛ Quantas pessoas apresentam o problema de desempenho?

Identificar o número de pessoas que apresenta o mesmo problema de desempenho. Este dado vai possibilitar o planejamento futuro do treinamento, caso seja confirmada a sua necessidade.

☛ Até onde se estendem as dificuldades ou prejuízos decorrentes do problema?

Levantar a abrangência do problema, identificando a sua extensão. Quais pessoas estão sendo afetadas? Até onde se estendem as dificuldades ou prejuízos decorrentes do problema? Ficam restritos ao âmbito interno da equipe ou estendem-se para fora da equipe? São restritos ao âmbito da empresa ou extrapolam seus limites, atingindo clientes, usuários, fornecedores e comunidade?

☛ Quais as repercussões que o problema de desempenho está causando?

Identificar se as dificuldades apresentadas estão restringindo o alcance dos objetivos e resultados pretendidos e em que medida. Isso quer dizer que as conseqüências financeiras devem ser verificadas, quando os efeitos do problema representam perdas de dinheiro, direta ou indiretamente, ou perda de lucros; apontar as conseqüências na produção, quando os efeitos representam perdas de peças produzidas, erros ou atrasos no processo; apontar as conseqüências na área de relacionamento, quando os efeitos incidem sobre os vínculos estabelecidos entre as pessoas, sejam colegas, clientes, fornecedores, parceiros, etc.; apontar as conseqüências de imagem, quando os problemas afetam o conceito que outros — clientes, grupos, comunidade — têm sobre a empresa, departamento, equipe ou pessoa.

☛ Trata-se de erros/dificuldades no processo de trabalho ou trata-se de metas não alcançadas?

Investigar a etapa do trabalho na qual ocorre o problema: o processo de trabalho ou o produto. Se o problema em questão é o processo de trabalho, então, significa *olhar* o modo como a pessoa realiza suas tarefas, a conformidade com os padrões, a organização, a limpeza, o atendimento à técnica, à segurança, o domínio das competências, habilidades e atitudes. Se o problema é o produto do trabalho, então, significa *olhar* o que a pessoa produz, ou melhor, os resultados do seu trabalho, ou as metas alcançadas, o grau de cooperação na equipe, a imagem do setor na empresa, a imagem da empresa na comunidade, etc. Esta constatação vai auxiliar o planejamento do treinamento, dando indicações mais precisas ao instrutor.

☛ As dificuldades se relacionam às funções dos gestores dos envolvidos?

Conferir se não se trata de um problema relacionado às funções dos gestores. Se o problema que foi detectado refere-se às funções de *planejamento*, como indefinição de objetivos, de metas ou resultados; de *organização*, como falta de estabelecimento de padrões de *performance*; de *controle*, como falta de monitoração do desempenho de pessoas e grupos ou falta de acompanhamento do alcance das metas; de *motivação*, como lacunas relacionadas à construção do comprometimento, da identidade, do orgulho na organização; ou, ainda, de *coordenação*, como baixo grau de cooperação entre pessoas, grupos, setores e departamentos; então, não é uma necessidade de treinamento identificada nas pessoas da equipe e, sim, relacionada à atuação dos gestores ou lideranças.

3. Conclusão, ao final dessa análise, sobre a real *necessidade de treinamento* e sobre quais as pessoas indicadas ao mesmo. Essa conclusão decorre, pois, da confirmação da ocorrência de erros e dificuldades freqüentes na execução de tarefas importantes por determinadas pessoas, as quais estão difilcutando o alcance das metas com repercussões até financeiras. O outro aspecto essencial dessa conclusão é que esses erros e dificuldades tenham relação com o domínio de conhecimentos, domínio de habilidades, mudanças de atitudes e de comportamentos, os quais podem ser apreendidos. Em caso contrário, a análise pode levar à conclusão de que se trata de um pequeno problema, não afetando o alcance de metas e podendo ser resolvido no próprio setor, ou, ainda, de que a solução para o problema não demanda treinamento, mas sim ações administrativas, não-treináveis. Pelo menos num primeiro momento.

4. Em caso contrário, a análise pode apontar que o problema é pequeno, não afetando o alcance de metas, podendo ser resolvido no próprio setor ou que não demanda treinamento, mas sim ações administrativas, não-treináveis. Pelo menos num primeiro momento.

Instrumento

Roteiro de perguntas para análise da Necessidade de Treinamento

Perguntas	Respostas
Existem erros, falhas, lacunas, omissões, dificuldades, atrasos constantes na execução das mesmas tarefas?	
Essas tarefas são importantes para o desempenho da unidade e o alcance das metas?	
As tarefas implicadas no problema são tarefas fáceis ou complexas?	
O problema está relacionado ao domínio de conhecimentos, ao domínio de habilidades e/ou ao desenvolvimento de atitudes e comportamentos?	
Quantas pessoas apresentam o problema de desempenho?	
Até onde se estendem as dificuldades ou prejuízos decorrentes do problema?	
Quais as repercussões que o problema de desempenho está causando?	
Tratam-se de erros/dificuldades no processo de trabalho ou tratam-se de metas não alcançadas?	
As dificuldades se relacionam às funções dos gestores dos envolvidos?	

Avaliação do Plano de Treinamento

A *Avaliação do Plano de Treinamento*, antes do mesmo ser colocado em prática, é a avaliação da estratégia concebida para solucionar o problema de desempenho, caracterizado como “necessidade de treinamento”.

Esta avaliação é necessária porque possibilita firmar uma convicção de que realmente o plano elaborado é a solução adequada para atender à necessidade de treinamento, oferecendo às pessoas indicadas as condições para a aquisição daqueles conhecimentos capazes de provocar as mudanças de desempenho e alcançar os resultados desejados. De fato, pode antecipar o sucesso ou o fracasso do treinamento. Permite, por meio de uma análise consistente, concluir sobre suas possibilidades de êxito.

Ela é realizada no período anterior à preparação de materiais, reserva de salas, equipamentos, convocação das pessoas, etc., possibilitando condições à reformulação do plano ou sua aprovação.

O coordenador de treinamento realiza essa avaliação junto com o gestor da equipe em que acontece o problema de desempenho. Em caso de conteúdos em nível mais aprofundado, um especialista no assunto deve ser consultado.

Os aspectos a serem considerados são a estrutura do plano, seus elementos e a relação com a necessidade de treinamento.

Objetivos

A Avaliação do Plano de Treinamento tem como objetivos:

— Verificar se o plano apresenta os elementos principais à sua compreensão.

— Verificar a consistência interna do plano.

— Concluir sobre a consistência, relevância e adequação do plano à necessidade de treinamento à qual se destina.

Objetos avaliados

• elementos do plano

• consistência interna do plano

• relação com a necessidade

Procedimentos

1. Exame da estrutura do Plano de Treinamento, verificando se apresenta os elementos essenciais à sua compreensão:

Dados de Identificação

Justificativa

Instrutor

Objetivos

Conteúdos

Metodologia

Recursos Audiovisuais

Avaliação

2. Exame do conteúdo de cada um desses elementos:

Dados de Identificação

Existem informações claras e precisas sobre a procedência do Plano de Treinamento? Se for um treinamento interno, qual é o departamento que o promove ou a instituição — no caso de entidade externa à organização; quem é o instrutor ou professor responsável, assim como a indicação sobre o público-alvo ao qual se destina. Também, deve constar a carga horária do treinamento, o período de realização, os dias e horários, o número de participantes e/ou vagas por turma e o local onde será realizado. Se for o caso, informações sobre pagamentos e facilidades/benefícios/certificado devem estar corretamente explicitadas.

Justificativa

As razões que justificam a realização do treinamento estão corretamente descritas? As necessidades identificadas, os problemas existentes, que justificam a realização do treinamento, assim como as oportunidades e perspectivas que esse treinamento oferece, devem ser facilmente compreendidos e ser consistentes.

Objetivos

Os objetivos estão especificados e claramente formulados? São resultados de aprendizagem dos treinandos?

A descrição dos objetivos, ou seja, dos resultados de aprendizagem esperados dos treinandos, é um item essencial no planejamento do treinamento. São os objetivos que orientam a seleção das experiências de aprendizagem. Podem ser objetivos gerais, alcançáveis a longo e médio prazo, ou objetivos específicos, alcançáveis a curto prazo e mensuráveis. Não referem-se, portanto, ao que o instrutor vai fazer e, sim, ao que se espera do treinando, quando o treinamento terminar.

Os objetivos da área cognitiva referem-se a processos mentais e se relacionam a cada conteúdo e/ou a cada módulo de treinamento.

São exemplos deste tipo de objetivos: *identificar* comportamentos no atendimento a clientes; *caracterizar* os comportamentos; *comparar* diferentes comportamentos; *classificar* os comportamentos no atendimento a clientes em adequados e não adequados ao negócio da empresa; *analisar* esses comportamentos e suas repercussões; *concluir* sobre os comportamentos a serem utilizados; *usá-los* na prática. Os termos identificar, caracterizar, comparar, classificar, analisar, concluir e usar referem-se a níveis de pensamento e estão colocados em seqüência: do mais simples ao mais complexo no processo de aprendizagem. Essa definição dos níveis orienta a seqüência em que o instrutor apresenta o assunto e direciona a seleção de experiência de aprendizagens. Além disso, são uma base segura para a avaliação dos conhecimentos e mais facilmente mensuráveis.

Portanto, é preciso conferir a formulação dos objetivos e os níveis de pensamento que os objetivos apresentados no plano contêm.

Há, ainda, objetivos específicos da área socioafetiva e da área psicomotora. Os primeiros tratam de mudanças de atitudes e de comportamento, envolvendo sentimentos, como *sensibilizar*, *conscientizar* e *valorizar* em relação a coisas, pessoas e grupos. Já os objetivos da área psicomotora tratam de aprendizagens que envolvem atividades motoras, como reproduzir movimentos simples de forma orientada, reproduzir movimentos mecanicamente e agir em situações complexas.

A avaliação dos objetivos, realizada a partir de um referencial, como esse apresentado, dá mais segurança à conclusão de que os objetivos expressam claramente o que se pretende ao final do treinamento.

Conteúdos

Os conteúdos estão claramente descritos? Estão organizados em uma seqüência lógica? Verificar a clareza e a precisão da redação dos itens que compõem os conteúdos do treinamento.

Os conteúdos do treinamento podem estar agrupados em módulos. Analisar a estrutura de cada um deles, ou seja, verificar se apresenta o título do módulo e os tópicos a serem abordados, constatando se as partes se relacionam a esse título, formando uma unidade de conhecimento. E, ainda, conferir os módulos entre si, se estão articulados e integrados, dando um sentido ao todo do treinamento. Por exemplo, em um treinamento de Atendimento a Cliente, um módulo pode tratar do *Cliente* com as seguintes partes: *Perfil do nosso cliente, Expectativas, Importância do cliente*; outro módulo vai abordar as *Técnicas de Atendimento a cliente,* em que se pode inserir *Técnicas de abordagem, Comunicação, Administração de conflitos.*

Metodologia

Analisar a indicação dos métodos a serem usados, a especificação das técnicas que serão aplicadas, como as de grupo ou técnicas individuais, sua natureza, verificando se possibilitam a participação dos treinandos. Estabelecer relação com os objetivos, constatando se estes são possíveis de serem alcançados com a metodologia indicada.

Recursos Audiovisuais

Constatar se os recursos audiovisuais estão indicados, se são variados e estimuladores às aprendizagens.

Avaliação

Existem indicações precisas sobre o processo de avaliação do treinamento, como será feito, quando e o que será investigado?

3. Identificação de barreiras, limitações e recursos.

4. Estabelecimento de relações entre objetivos, metodologia, conteúdos, recursos, carga horária e resultados esperados, concluindo sobre sua coerência, consistência.

5. Conclusões sobre as possibilidades de êxito do plano, apontando sugestões a seu aperfeiçoamento, se for adequado.

O instrumento apresentado a seguir pode auxiliar nessa análise.

Instrumento

Avaliação do Plano de Treinamento: ....
Instrutor: .... Carga horária: ....
Entrevistador: .... Data: ....

Análise do Plano de Treinamento

Aspecto considerados	*Sim*	*Em parte*	*Não*	*Observações*
Dados de identificação — existem informações claras e precisas sobre a procedência do plano? — constam outras informações esclarecedoras?				
Justificativa — as razões apresentadas estão corretamente descritas? — são consistentes? — apresentam conexão com as necessidades de treinamento?				
Objetivos — estão claramente formulados? — são resultados de aprendizagem dos treinados?				
Conteúdos — estão claramente descritos? — estão organizados em uma seqüência lógica? — estão agrupados conforme a carga horária?				
Metodologia — está caracterizada? — possibilita o alcance dos objetivos?				
Recursos audiovisuais — estão indicados? — são variados? — são estimulantes?				
Avaliação — como será feita? — quando? — quais os aspectos a serem avaliados? — quais os critérios de avaliação?				
Comentário sobre a relação entre objetivos, metodologia, conteúdos, recursos, carga horária e resultados esperados, concluindo sobre sua coerência, consistência e possibilidade de êxito.				

Domínio de conhecimentos e habilidades

O domínio dos conhecimentos que os treinandos têm, antes do treinamento iniciar, pode ser investigado se houver a necessidade de um diagnóstico mais preciso a esse respeito, auxiliando na montagem do Plano de Treinamento.

Também, pode ser usado como elemento de controle para comprovar os efeitos do treinamento, conforme está descrito na seção de Avaliação de Resultados.

Procedimento

O procedimento é a montagem de um pré-teste, seguindo as regras de elaboração de teste cognitivo. O mesmo instrumento é aplicado, após o treinamento, e chama-se pós-teste, o qual servirá para comparar e identificar as diferenças de um com relação ao outro.

O mesmo procedimento serve para avaliação no domínio de habilidades, as quais podem ser observadas e, então, usa-se a técnica da observação. Também, é preciso usar o mesmo instrumento, após o treinamento.

Objetivo

— Diagnosticar o nível atual de conhecimentos/habilidades dos treinandos.

— Comparar o nível atual de conhecimentos/habilidades dos treinandos com o nível após o treinamento.

Objetos avaliados

• domínio de conhecimentos e habilidades

4.2. Avaliação durante o Treinamento

A *Avaliação do Treinamento durante* a sua realização é a avaliação do acompanhamento e do controle entre o que foi planejado e o que está sendo realizado. Trata-se, pois, de uma avaliação de "processo", cujo propósito é obter contínua informação sobre todos os aspectos que afetam o treinamento, tendo em vista a tomada de decisões sobre sua continuidade ou reformulações, se necessário.

Importância

Esta avaliação se justifica porque há necessidade de controlar a execução do plano e pela oportunidade de poder intervir, se for o caso, enquanto o processo se desenvolve, assegurando o sucesso do mesmo, não permitindo que determinadas ocorrências impeçam o alcance dos objetivos desejados.

Com esta avaliação é possível fazer ajustes e melhorar os aspectos que não estão correspondendo ao desejado. Assim, os treinandos serão beneficiados com um programa que realmente atenda às suas necessidades; o instrutor tem a oportunidade de confirmar ou redirecionar as suas escolhas; e o Plano de Treinamento é aperfeiçoado e validado para ser aplicado em uma outra oportunidade. Por outro lado, evitam-se desperdícios no treinamento e frustrações.

Nesse sentido, é preciso selecionar os aspectos relevantes, destacando e investigando os principais, além de manter a atenção a outras interferências imprevistas.

Convém lembrar que na implantação de novos programas ou na contratação de novos instrutores e/ou instrutores externos maior é a necessidade desta avaliação.

Objetivos

— Investigar o "plano em ação".

— Verificar a eficiência do desempenho dos instrutores, palestrantes, apresentadores e da coordenação.

— Acompanhar o aproveitamento dos treinandos.

— Determinar o nível das condições da realização do treinamento e a influência de fatores facilitadores e restritivos.

— Fazer correções de rumo.

Objetos avaliados

Os *objetos* relevantes a serem investigados nesta avaliação são:

- a execução do plano de treinamento
- as condições do treinamento e o apoio logístico
- desempenho do instrutor
- aproveitamento dos treinandos: sentimentos, opiniões, participação e aprendizagem dos treinandos
- a coordenação do treinamento

Vamos analisar cada um desses objetos a serem avaliados durante o treinamento.

O que é avaliado por quem...

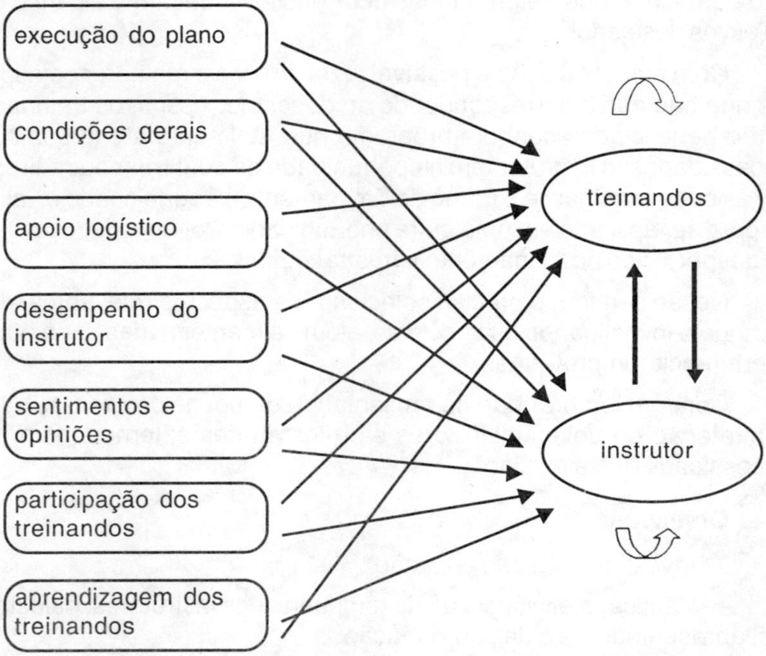

Execução do Plano de Treinamento

A avaliação da execução do Plano de Treinamento investiga se as decisões tomadas, anteriormente, quando da sua estruturação, estão sendo satisfatoriamente desenvolvidas.

Importância

A avaliação do Plano de Treinamento durante o seu desenvolvimento é necessária porque possibilita a comparação entre o que fora previsto e o que realmente está acontecendo e favorece, também, a introdução de melhorias.

Objetivos

— Averiguar se o programa está sendo desenvolvido conforme o planejado.

— Verificar as opiniões e os sentimentos dos sujeitos envolvidos.

— Acompanhar a utilização dos recursos.

— Identificar fatores que possam causar alguma interferência no mesmo programa e, por conseqüência, nos resultados desejados.

Objetos avaliados

Avaliar a execução do Plano de Treinamento significa investigar se:

- os objetivos do treinamento estão sendo alcançados
- os conteúdos selecionados estão sendo desenvolvidos
- o enfoque dos conteúdos é adequado
- os conteúdos estão sendo suficientes
- os procedimentos do instrutor são apropriados
- as atividades de aprendizagem estão sendo estimuladoras
- as atividades de aprendizagem incluem técnicas de grupo
- os recursos audiovisuais previstos estão sendo usados
- os recursos audiovisuais são estimuladores
- os textos/apostilas/manual são consistentes
- os textos/apostilas/manual têm apresentação satisfatória
- os materiais de apoio são suficientes
- a carga horária prevista está sendo atendida
- a carga horária está sendo bem aproveitada
- o tempo de participação dos treinandos é satisfatório
- a avaliação prevista está sendo realizada
- as opiniões e sentimentos dos treinandos a respeito do programa são satisfatórios

Procedimentos

Do instrutor

1. Análise da execução do plano pelo próprio instrutor, registrando as alterações, caso tenham ocorrido.

2. Elaboração de um questionário sobre os objetos de avaliação mencionados.

3. Aplicação do questionário junto aos treinandos, na metade do treinamento.

Observação: Em treinamentos com mais de 40 horas, convém investigar a opinião dos treinandos mais vezes, especificando no formulário qual é o módulo ou módulos a que se refere a avaliação;

Análise dos dados tabulados e interpretação das opiniões dos treinandos pelo instrutor, concluindo sobre o que está positivo, o que deve ser mudado e identificando as alterações a serem introduzidas;

Discussão desses dados e da análise que fez sobre o desenvolvimento do plano junto aos treinandos e, posteriormente , com o coordenador de treinamento.

Conclusões sobre a execução do Plano de Treinamento: se está sendo satisfatória ou não. Todos os aspectos positivos, negativos e sugestões devem ficar registrados. Tomada de decisões sobre aspectos a serem melhorados.

Instrumento

Segue-se um exemplo de questionário para os treinandos responderem durante o treinamento.

Avaliação do Treinamento: .... Data: ....

Avaliação do Plano de Treinamento

1. Os objetivos estão ou não sendo alcançados?

   ( ) Sim

   ( ) Não

   Outra resposta:

   Comentário:

2. Os conteúdos propostos são ou não suficientes?

   ( ) Sim

   ( ) Não

   Outra resposta:

   Comentário:

3. A metodologia utilizada equilibra técnicas individuais e dinâmicas de grupo com procedimentos do instrutor de forma satisfatória?

   ( ) Sim

   ( ) Não

   Outra resposta:

   Comentário:

4. É ou não é disponibilizado tempo para o treinando participar?

   ( ) Sim

   ( ) Não

   Outra resposta:

   Comentário:

5. Os recursos audiovisuais estão ou não sendo estimuladores?

   ( ) Sim

   ( ) Não

   Outra resposta:

   Comentário:

6. A apostila ou manual tem ou não informações consistentes?

   ( ) Sim

   ( ) Não

   Outra resposta:

   Comentário:

Por favor, coloque aqui seus comentários e sugestões:

Condições gerais e apoio logístico

A avaliação do apoio logístico faz-se necessária porque é preciso assegurar-se de que os elementos identificados no planejamento como básicos estejam disponíveis, visto que a sua ausência pode repercutir no bem-estar das pessoas e no processo de aprendizagem.

Objetivos

— Averiguar se as condições necessárias à execução do plano estão sendo atendidas.

— Identificar fatores restritivos — previstos e não previstos — às aprendizagens, se houver.

— Propiciar decisões para melhorias e ações corretivas.

Objetos avaliados

Vários itens compõem o apoio logístico e as condições de um treinamento, ou seja:

- sala reservada, organizada e limpa com antecedência para o treinamento
- aspectos físicos do ambiente: controle da ventilação, iluminação, temperatura, ruídos internos e/ou externos
- cadeiras, mesas e equipamentos compatíveis com o tamanho da sala e o número de pessoas
- disponibilidade dos equipamentos audiovisuais e outros previstos
- equipamentos audiovisuais instalados e em funcionamento
- materiais de apoio disponíveis nos dias e horários combinados: papéis, canetas, crachás, fita-crepe, apostilas, fichas, livros de consulta, textos, folhas de exercícios, manual, fichas de avaliação e outros
- lista de presenças organizada e completa
- serviços de alimentação em horários combinados e locais adequados, com tipos de alimentação adequados aos horários
- informações sobre disponibilidade de transporte e locais de alimentação, quando for o caso
- sinalização precisa das instalações no local, quando for ambiente novo

- outros serviços que possam ser oferecidos, previamente combinados e disponíveis

Condições "administrativas":

- preparação com antecedência dos participantes sobre as razões do treinamento, sobre o programa e as expectativas do setor/empresa com o mesmo
- análise prévia com os participantes sobre o *sentido* daquele treinamento em seu trabalho atual ou futuro, de tal forma que eles possam estar disponíveis internamente, *pré-ocupados* e interessados em aprender
- presença de todos os participantes no horário marcado
- participantes informados de todos os dias e horários
- chefias informadas dos horários dos participantes e preparadas para não interromper o treinamento
- participantes com tempo alocado exclusivamente ao treinamento
- não interrupção dos trabalhos, com a solicitação de saída de participante (exceto em caso de urgência)
- telefone fora da sala de treinamento
- telefones celulares desligados
- comunicação prioritária ao instrutor sobre entrada de novo participante
- comunicação prioritária ao instrutor sobre todas as ocorrências imprevistas
- comunicação ao instrutor — com antecedência — sobre a presença de observador de seu desempenho: dias e horários de início e término
- informações sobre contatos de apoio

Procedimentos

Do instrutor

1. Elaboração de um *check-list* contendo os itens a serem avaliados em sua observação.
2. Observações diárias.
3. Análise com o coordenador do treinamento.
4. Tomada de decisões quanto à correção de rumos.

Instrumentos

a) Exemplo de uma ficha de observação — *check-list* — do instrutor quanto ao apoio logístico do treinamento que ele desenvolve

Avaliação do Treinamento: ....

Instrutor: ....

Foco: Apoio logístico Local: ....

Avaliação do Apoio Logístico

Dias *Aspectos*	1º	2º	3º
A sala apresenta-se organizada e limpa com antecedência para o treinamento			
A temperatura, ventilação e a iluminação são adequadas			
Existem ruídos internos e/ou externos que interferem			
As cadeiras e mesas são adequadas			
Os equipamentos audiovisuais encontram-se disponíveis			
Os equipamentos audiovisuais são instalados em tempo hábil e funcionam			
Os materiais de apoio estão disponíveis nos dias e horários combinados			
Os serviços de alimentação são em horários combinados e locais adequados			
O tipo de alimentação é compatível com os horários de trabalho			
A lista de presenças é organizada e completa			
Observações:			

b) Exemplo de uma ficha de observação — *check-list* — do instrutor quanto às condições do treinamento que ele desenvolve

Avaliação do Treinamento: ....

Foco: Condições Local: ....

Avaliação das Condições

Aspectos / *Dias*	1º	2º
Os participantes têm conhecimento sobre as razões do treinamento, sobre o programa e sobre as expectativas do setor/empresa com o mesmo		
Os participantes compreendem o *sentido* do treinamento em seu trabalho atual ou futuro, de tal forma que ele está disponível internamente, *pré-ocupado* e querendo aprender		
Presença de todos os participantes no horário marcado		
Participantes informados de todos os dias e horários		
Participantes se afastam para tarefas em seu setor		
Telefone na sala de treinamento Telefones celulares ligados		
Entrada de novos participantes sem combinação prévia		
Ocorrências imprevistas não comunicadas/explicadas ao instrutor		
Comunicação ao instrutor — com antecedência — sobre a presença de observador de seu desempenho: dias e horários de início e término		
Outras informações:		

Desempenho do Instrutor

Importância

A avaliação do desempenho do instrutor é importante porque, assim como o treinando ocupa a posição central no processo de aprendizagem, o instrutor é o principal elemento da situação de ensino inserida no treinamento.

Ele tem um papel decisivo no desenvolvimento dos treinandos com quem interage. Abre perspectivas, estimula o raciocínio e a descoberta de novos conhecimentos, incentiva o crescimento, apóia, reforça, provoca mudanças, promove interações e aproximações entre os treinandos, interpreta o mundo, descobre talentos, mostra caminhos...

A possibilidade de sua influência em relação ao treinando é maior do que qualquer outro componente, sejam recursos tecnológicos, didáticos, materiais, etc. Essa influência pode ser altamente positiva, por características pessoais, profissionais, intelectuais, socioafetivas, etc., servindo até de modelo para os treinandos. Porém, existem situações em que essa influência não é tão positiva, pelos motivos mais variados, podendo afetar a aprendizagem dos treinandos. Por tudo isso, é prudente avaliar o desempenho do instrutor na execução de um plano de treinamento, enquanto este acontece.

Esse desempenho envolve, no mínimo, quatro dimensões: a dimensão do saber, a dimensão técnica, a dimensão socioemocional e a dimensão administrativa. A primeira dimensão trata do domínio do conhecimento de sua área específica de atuação. A segunda trata do domínio de técnicas e habilidades didáticas. A terceira focaliza a qualidade do relacionamento interpessoal que ele estabelece com cada pessoa e com o grupo de treinandos. E, por último, a administrativa, cujo foco abrange os aspectos de planejamento, organização, avaliação e atendimento a normas organizacionais.

Como um profissional, ele domina uma área específica de conhecimentos ou processos ou tecnologias sobre a qual desenvolve o seu treinamento e, sendo um treinamento interno, domina, também, conhecimentos sobre a empresa. No papel de instrutor, esse profissional tem outras exigências, como o desenvolvimento de habilidades socioemocionais para se relacionar com cada treinando, positivamente, e com o grupo, coordenando-o de forma adequada. Essas são determinantes ao clima afetivo a ser estabelecido numa situação de aprendizagem, facilitando aos treinandos condições de relacionamento favorável e colaborador dentro do grupo. E, do ponto de vista didático, requer habilidades técnicas de planejar, executar e avaliar. Entre as muitas habilidades requeridas durante a execução estão: Uso do Tempo, Espontaneidade, Comunicação, Variação de Estímulos, Reforço, Pergunta, Fechamento, Uso de Exemplos, Coordenação da Dinâmica do Grupo, Controlar e Incentivar a Participação, Usar a Repetição, Reconhecer e Obter a Atenção, Proporcionar *Feedback*.

Objetivos

— Concluir sobre a eficiência do instrutor no desenvolvimento do plano.

— Pesquisar a qualidade das relações estabelecidas pelo instrutor com os treinandos.

Objetos avaliados

Consideramos os seguintes aspectos significativos ao desempenho do instrutor:

- conhecimento do assunto do treinamento em termos de domínio de dados, fatos, terminologia, conceitos e princípios básicos
- domínio de habilidades técnicas de ensino, tais como: Comunicação, Variação de Estímulos, Uso de Técnicas Didáticas, Uso de Exemplos, Uso do Tempo, Fechamento, Pergunta, Espontaneidade
- coordenação da dinâmica do grupo através do estabelecimento de relações positivas com cada treinando e com o grupo; domínio de habilidades de Reforço e *Feedback*; atitudes de empatia, apoio e colaboração, favorecendo um clima facilitador de aprendizagem
- planejamento das atividades, materiais e recursos; organização dos materiais; processo de avaliação; atendimento a normas organizacionais

O desempenho do instrutor pode ser avaliado por ele mesmo, pelos treinandos e pelo coordenador do treinamento.

Procedimentos

Do instrutor

1. Elaboração de um questionário contendo questões sobre os aspectos que compõem o seu desempenho.

2. Aplicação do questionário junto aos treinandos, na metade do desenvolvimento do treinamento.

3. Com o mesmo questionário o próprio instrutor faz a sua auto-avaliação.

4. Análise e interpretação dos dados tabulados referentes às opiniões dos treinandos, identificando os aspectos positivos e os negativos, se houver.

5. Comunicação dos dados aos treinandos e análise dos aspectos positivos e negativos, se houver. Tomada de decisões quanto a medidas que se fizerem necessárias.

6. Análise e interpretação dos dados tabulados referentes às opiniões dos treinandos com o coordenador do treinamento, tomada de decisões quanto a reformulações, se for oportuno.

Do coordenador de treinamento

O desempenho do instrutor também pode ser avaliado pelo analista ou coordenador do treinamento por meio da técnica da observação. É fundamental a compreensão de que, dentro de um processo de avaliação voltado ao aperfeiçoamento, na escolha desta técnica, critérios éticos devem ser seguidos, como o direito do instrutor de tomar conhecimento, com antecedência, dessa decisão, assim como do foco a ser observado, do instrumento a ser usado, da pessoa que fará a observação. Também deve ser combinado com ele o dia e o horário dessa observação. Se isso ocorrer, os dados devem ser analisados, primeiro, pelo observador com o instrutor.

Nota: Convém lembrar que, para uma conclusão consistente sobre o desempenho do instrutor, são requeridas várias observações, sempre com o foco definido, usando o mesmo instrumento e criando condições para o instrutor sentir-se à vontade. Caso contrário, a coleta de dados fica superficial.

Instrumentos

a) Exemplo de Escala de Avaliação Numérica para ser usada na observação do desempenho do instrutor

Avaliação do Treinamento: ....

Instrutor: .... Setor: ....

Observador: .... Data: ....

Foco: Habilidade de Comunicação

CONVENÇÃO — NÍVEIS:

0 (zero) = não evidencia o comportamento

1 (um) = evidencia com pouca freqüência o comportamento

2 (dois) = evidencia de forma freqüente o comportamento

3 (três) = evidencia de forma freqüente e adequada o comportamento

Comportamentos do instrutor	3	2	1	0
a) Delimita com clareza os objetivos da comunicação				
b) Utiliza um vocabulário preciso, correto, ajustado às capacidades do aluno				
c) Fala com clareza e coerência, expressando idéias bem conectadas				
d) Fala com correção lingüística				
e) Fala com dicção clara				
f) Ouve os alunos com atenção				
g) Transmite as informações realmente necessárias				
h) Seleciona um número suficiente de informações				
i) Demonstra domínio suficiente do assunto, usando terminologia específica, se necessário				
j) Mostra-se atento às reações dos alunos				
k) Permite e favorece a continuidade das idéias, não interrompendo ou mudando de assunto				
l) Verifica se houve apreensão do pensamento transmitido				

b) Exemplo de Ficha de Avaliação do desempenho do instrutor

Avaliação do Treinamento: .... Data: ....

Foco: Avaliação do Instrutor

Avaliação do Instrutor

Domínio de conhecimentos	Muito Bom	Bom	Regular	Insuficiente
Nível de domínio sobre o assunto				
Ênfase na aplicação prática				
Adequação à realidade da empresa				
Abordagem do assunto				
Referência a autores				
Atualização das informações				

Habilidades	Muito Bom	Bom	Regular	Insuficiente
Clareza na exposição das idéias				
Exposição fluente e expressiva				
Correção lingüística				
Riqueza de vocabulário				
Uso de exemplos e ilustrações				
Aproveitamento do tempo				
Coordenação da dinâmica do grupo				
Relacionamento com o grupo				
Incentivo a relações construtivas				
Mostra-se espontâneo				
Estímulo à participação				
Uso de reforço positivo				
Uso de *feedback* oportuno				
Uso de *feedback* adequado				
Uso de *feedback* específico				
Domínio das técnicas no uso de recursos audiovisuais				
Apresentação satisfatória de apostila/manual/texto				
Uso de perguntas, estimulando o raciocínio				
Revisão de conteúdos				
Uso do fechamento				
Avaliação da aprendizagem				

Comentários:

Aproveitamento dos treinandos

O aproveitamento dos treinandos é a questão central do processo de aprendizagem, para o qual direcionam-se todos os esforços do treinamento. Espera-se que este seja capaz de promover a aquisição de conhecimentos, o desenvolvimento de habilidades ou a mudança de atitudes e/ou de comportamentos das pessoas que ali se encontram, conforme previsto no plano. No entanto, sabe-se que existe uma íntima correlação entre a ocorrência das aprendizagens e a criação de condições favoráveis para tanto, decorrentes, principalmente, de um contexto de experiências e interações significativas. Neste sentido, a investigação busca também dados sobre as reações dos treinandos às condições do contexto. Isto implica averiguar como estão se sentindo, em que medida está havendo a aceitação a diversos aspectos do programa, ao instrutor e ao ambiente e, ainda, como estão participando das ações propostas.

Objetivos

— Verificar o nível das aprendizagens realizadas e o progresso dos treinandos.

— Identificar as reações dos treinandos.

— Acompanhar a participação dos treinandos.

— Obter subsídios para dar *feedback* aos treinandos.

— Reformular o plano, se necessário.

Objetos avaliados

A avaliação do aproveitamento dos treinandos focaliza:

• as aprendizagens dos treinandos: o que estão aprendendo em cada conteúdo ou módulo e em que nível

• os seus sentimentos e as suas opiniões sobre o instrutor, os colegas, o conteúdo, o método e as técnicas que estão sendo utilizados, os recursos audiovisuais, as relações estabelecidas entre instrutor e grupo, as condições físicas do ambiente, etc.

• a participação dos treinandos, sua atenção, interesse e comprometimento; suas práticas em exercícios e atividades propostas, individualmente e com os colegas

Procedimentos

Do instrutor

1. Montagem de uma ficha para observação, desde o início do treinamento, de como cada treinando está participando das atividades que são propostas: sua atenção, interesse e comprometimento; pontualidade e assiduidade; atendimento às instruções; cumprimento às tarefas propostas, individuais.

2. Montagem de uma ficha para observação de como os treinandos estão participando nas tarefas de grupo, como se relacionam com os colegas.

3. Análise de tarefas realizadas pelos treinandos — individuais e em grupo. Em treinamentos nos quais a aquisição de conhecimentos tem uma importância maior, convém avaliar a execução de várias tarefas, exercícios, solução de problemas, em diferentes momentos.

4. Construção e aplicação de teste especialmente elaborado de acordo com cada conteúdo ou módulo. O teste, ou prova de conhecimentos, tecnicamente bem elaborado, em correspondência ao que está sendo efetivamente desenvolvido, é uma técnica bastante segura para aferir o nível de conhecimentos.

5. Elaboração de uma Ficha de Auto-avaliação para os treinandos sobre sua participação, assiduidade, pontualidade e opinião sobre o seu aproveitamento.

6. Proposição aos treinandos para preenchimento da Auto-avaliação.

7. Tabulação e interpretação dos dados obtidos por meio das técnicas referidas anteriormente.

8. Comunicação, *feedback* e discussão com os treinandos sobre todos os aspectos avaliados.

9. Tomada de decisões sobre alterações, se for o caso.

Para melhor controle do instrutor, todos os dados podem ser registrados em uma única tabela organizada pelo instrutor conforme as tarefas e observações.

Neste modelo de Avaliação Sistemática de Treinamento enfatiza-se o planejamento de toda a avaliação, tanto quanto os aspectos éticos. Portanto, no início do treinamento o instrutor deve combinar com os treinandos todas as técnicas que serão empregadas, quando serão, e os aspectos a serem focalizados.

Instrumentos

a) Ficha de observação da participação dos treinandos pelo instrutor

Avaliação do Treinamento: ....

Grupo: .... Setor: ....

Foco: Participação dos treinandos Data: ....

Avaliação da Participação

Convenção

✔ Sim ✚ Em parte – Não

Aspectos / Nomes	Mostra-se atento	Demonstra interesse	Assume responsa-bilidades	Atende às solicitações
1.				
2.				
3.				
4.				

b) Escala de avaliação para ser usada pelos treinandos em auto-avaliação

Treinamento: .... Data: ....

Foco: Auto-avaliação dos treinandos Local: ....

Funcionário: ....

Participação no Treinamento

Freqüência ***Aspectos***	***Sempre***	***Quase sempre***	***Às vezes***	***Raras vezes***
Estive presente nas sessões				
Fui pontual				
Executei os exercícios propostos				
Troquei idéias/sugestões com colegas				
Colaborei em trabalhos de grupo				
Quanto às aprendizagens				
Até o momento, estou aprendendo...				

Como você considera sua participação e aproveitamento até o momento?

Qual a sua apreciação sobre a organização das condições do treinamento?

Observações:

c) Tabela de controle do instrutor da participação dos treinandos no treinamento

Treinamento: .... Data: ....

Foco: Participação dos treinandos Local: ....

Participação dos Treinandos

Tarefas Nomes	Trabalho individual - data	Trabalho em grupo - data	Teste - data	Participação/ discussões - data	
1.					
2.					
3.					
4.					
Observações:					

Desempenho do coordenador de treinamento

A coordenação do treinamento, quando houver, também deve ser avaliada no sentido de identificar os aspectos de sua competência com relação à repercussão no desenvolvimeno do treinamento. Envolve várias funções como planejamento, organização, coordenação dos processos, das ações e pessoas envolvidas, controle dos recursos e relações com o instrutor e o grupo.

De forma indireta, o desempenho da coordenação é avaliado pela eficiência do apoio logístico, das condições do treinamento, da seleção dos treinandos e também pelo apoio ao instrutor.

4.3. Avaliação ao Final do Treinamento

A *Avaliação Final* é a que se realiza no término do treinamento, ocasião rica em dados por parte de todos os sujeitos envolvidos. Também chamada de Avaliação de Produto, é a mais conhecida e mais comumente usada.

Neste momento, os objetivos pretendidos podem ser a base de comparação na avaliação, tanto quanto um determinado padrão ou outros treinamentos já realizados. De fato, pode-se usar mais de uma base para comparar o produto do treinamento, desde que seja, previamente, definida e conhecida pelos envolvidos.

Tendo havido o Planejamento Participativo da Avaliação, todos os sujeitos estão cientes do processo. Caso contrário, o processo de avaliação deve ser combinado com os participantes no início do treinamento. Como será feito, o que irá ser avaliado, os critérios a serem utilizados, a indicação dos momentos em que irá se realizar. Se houver padrões mínimos a serem atingidos, devem ser esclarecidos nessa ocasião.

Importância

A Avaliação Final é muito importante porque permite julgar o mérito do programa, as contribuições que traz para as pessoas e para a empresa, o quanto elas aprenderam, como foi o papel do instrutor, a adequação do plano, dos recursos, além de examinar as circunstâncias do treinamento.

A pesquisa de vários itens é necessária para permitir conclusões sobre os resultados cognitivos e administrativos, sobre a eficiência do treinamento e sobre as perspectivas de mudança de comportamento no trabalho. A partir daí, tendo em vista o processo de melhoria constante, decisões são tomadas, assim como são encaminhadas as providências administrativas cabíveis: decisões sobre a repetição do treinamento com outros grupos, sobre o aperfeiçoamento do programa, sobre a necessidade de outras ações de aprendizagem com alguns participantes ou sobre a seleção das pessoas.

Objetivos

— Avaliar as aprendizagens dos treinandos.

— Identificar os seus progressos.

— Levantar a opinião dos treinandos sobre as condições do treinamento.

— Pesquisar o grau de aceitação do instrutor pelos treinandos.

— Pesquisar a qualidade das relações estabelecidas no grupo.

— Estabelecer relações entre as reações, a participação, nível de aprendizagem, objetivos do treinamento.

— Dar *feedback* aos treinandos.

— Concluir sobre a eficiência do plano.

— Concluir sobre a competência do instrutor.

Objetos avaliados

Vejamos, primeiro, do ponto de vista de cada sujeito que avalia.

O instrutor avalia as aprendizagens dos treinandos, sua participação e suas reações sobre como foi a aplicação do plano de treinamento; avalia o modo como desenvolveu o plano, o seu próprio desempenho e as condições gerais do treinamento.

Já os treinandos avaliam o seu próprio aproveitamento em relação às suas necessidades e expectativas, o desempenho do instrutor, como foi o desenvolvimento do plano de treinamento, as condições em que ocorreu o evento.

O coordenador faz uma avaliação geral incluindo as reações, a participação e o aproveitamento dos treinandos, o desempenho do instrutor, a execução do plano, as condições em que o treinamento transcorreu e a sua própria coordenação. Tudo isso direcionado à análise das necessidades, caracterizadas antes do treinamento e que motivaram a sua realização, e às perspectivas da transferência do conhecimento na prática do trabalho.

Portanto, são objetos de avaliação:

- o plano de treinamento
- as condições do treinamento e o apoio logístico
- o desempenho do instrutor
- o aproveitamento dos treinandos: aprendizagens, sentimentos, opiniões e participação
- a coordenação do treinamento

Plano de Treinamento

Avaliar o plano, ao final do treinamento, significa repensar o caminho escolhido e percorrido. É reflexão obrigatória, se existe a intenção de aperfeiçoamento continuado.

Importância

Permite identificar os acertos e as escolhas adequadas, revisar as decisões tomadas e, também, descobrir os erros.

A avaliação do plano possibilita responder a pergunta:

— Chegamos aonde pretendíamos?

Se a avaliação mostrar-se útil, todas as informações obtidas podem auxiliar na tomada de decisões para melhorias em qualquer aspecto, além do que muitas oportunidades podem surgir da avaliação.

Objetivos

— Averiguar se o programa foi desenvolvido conforme o planejado.

— Verificar as opiniões e os sentimentos das pessoas envolvidas.

— Pesquisar a utilização dos recursos disponibilizados.

— Identificar os fatores que interferiram no treinamento e que, por conseqüência, podem afetar os resultados desejados.

— Tomar decisões.

Objetos avaliados

Avaliar a realização do plano de treinamento:

- os objetivos do treinamento foram alcançados
- os conteúdos selecionados foram desenvolvidos
- o enfoque dos conteúdos foi adequado
- os conteúdos foram suficientes
- os procedimentos do instrutor foram apropriados
- as atividades de aprendizagem foram estimuladoras
- as atividades de aprendizagem incluíram técnicas de grupo
- os recursos audiovisuais previstos foram usados
- os recursos audiovisuais foram estimuladores
- os textos/apostilas/manual foram consistentes
- os textos/apostilas/manual tiveram apresentação satisfatória
- os materiais de apoio foram suficientes
- a carga horária prevista foi atendida
- a carga horária foi bem aproveitada
- o tempo de participação dos treinandos foi satisfatório
- a avaliação prevista foi realizada
- as opiniões e sentimentos dos treinandos sobre o programa foram satisfatórios

Procedimentos

Do instrutor

1. Auto-avaliação do instrutor e análise do plano desenvolvido por ele, registrando as alterações, caso tenham ocorrido.

2. Elaboração de um questionário sobre os objetos de avaliação mencionados. Combinar com a coordenação de treinamento sobre os aspectos que deseja avaliar, uma vez que pode haver algum já estruturado e não é adequado solicitar aos treinandos que avaliem 2 vezes o mesmo item.

3. Aplicação do questionário junto aos treinandos, ao final do treinamento.

4. Análise dos dados tabulados e interpretação das opiniões dos treinandos pelo instrutor, concluindo sobre o que está positivo, o que deve ser mudado e identificando as alterações a serem introduzidas.

5. Discussão desses dados e da análise que fez sobre o desenvolvimento do plano junto aos treinandos e, posteriormente, com o coordenador de treinamento.

6. Conclusões sobre a execução do Plano de Treinamento: se está sendo satisfatória ou não. Todos os aspectos positivos e negativos e as sugestões devem ficar registrados. Tomada de decisões sobre aspectos a serem melhorados.

Instrumentos

a) Questionário a ser respondido pelos treinandos sobre o desenvolvimento do Plano de Treinamento

Avaliação do Treinamento: .... Data: ....

Avaliação do Plano de Treinamento

Para determinar a eficiência do programa, em atendimento às suas necessidades e interesses, nós precisamos de suas opiniões.

Por favor, manifeste suas reações e faça comentários ou sugestões que nos ajudarão a prestar serviços a você.

1. Por favor, faça um círculo na alternativa, ao lado de cada pergunta.

	DISCORDO TOTALMENTE							***CONCORDO FORTEMENTE***
a) Os objetivos propostos foram alcançados?	0	1	2	3	4	5	6	7
b) Os conteúdos anunciados foram desenvolvidos?	0	1	2	3	4	5	6	7
c) Os conteúdos foram enfocados de forma adequada?	0	1	2	3	4	5	6	7
d) Houve um bom equilíbrio entre apresentação e envolvimento do grupo?	0	1	2	3	4	5	6	7
e) O material foi apresentado de uma forma satisfatória?	0	1	2	3	4	5	6	7
f) Os recursos audiovisuais usados foram facilitadores?	0	1	2	3	4	5	6	7
g) O tempo foi bem aproveitado?	0	1	2	3	4	5	6	7

2. Responda, por favor:

Na sua opinião, o que ajudaria a melhorar o programa?

b) A ficha, a seguir, apresenta um roteiro para o instrutor realizar a sua auto-avaliação

Avaliação do Treinamento: .... Data: ....

Auto-avaliação pelo Instrutor

Aspectos	*Sim*	*Parte*	*Não*
1. Elaborei o Plano de Treinamento:			
— em tempo hábil			
— considerando a carga horária			
— selecionando objetivos possíveis			
— organizando os conteúdos			
— definindo recursos estimulantes			
— prevendo a distribuição do tempo			
— selecionando procedimentos adequados			
2. Preparei materiais e subsídios:			
— adequados ao nível do grupo			
— suficientes			
3. Orientei as atividades:			
— de acordo com o previsto			
— aproveitando o tempo			
— variando recursos			
— fazendo perguntas estimuladoras			
— de forma espontânea			
— com comunicação clara			
— com linguagem correta			
— apresentando exemplos			
4. Mantive um relacionamento interpessoal com os treinados:			
— positivo			
— facilitador			
— reforçando comportamentos			
— dando *feedback*			
5. Coordenei as dinâmicas de grupo:			
— de forma adequada			
— observando as participações			
— enfrentando as dificuldades			
6. Avaliei a aprendizagem:			
— baseado nos objetos			
— nos momentos combinados			
— com instrumentos específicos			
7. Avaliei a organização do ensino:			
— analisando o resultado das aprendizagens			
— comparando o previsto com o alcançado			
— identificando fatores intervenientes			
8. Comuniquei ao coordenador			

Condições gerais e apoio logístico

A avaliação das circunstâncias em que o treinamento se realizou é parte integrante da avaliação final.

A definição do escritor espanhol *Ortega y Gasset*, "Eu sou eu e as minhas circunstâncias", sintetiza a importância dos aspectos que circundam o processo ensino-aprendizagem em situações de treinamento e que o afetam, às vezes, de forma marcante.

São inúmeras as ocasiões nas quais instrutores e treinandos se vêem frente a obstáculos que afetam o seu ritmo de trabalho. Entre os que se relacionam ao planejamento do treinamento estão, por exemplo, situações de pessoas selecionadas para o treinamento que não foram devidamente preparadas, não conhecem o plano de treinamento nem o sentido de tal treinamento em seu trabalho. Outras dificuldades dizem respeito a problemas no ambiente físico, como falhas nos equipamentos, instalações incômodas, locais inadequados, com outros eventos externos e ruídos perturbadores. Alguns problemas, como processos internos que exigem a constante saída dos treinandos, demissões de colegas, concursos internos e transferências, pressões com eventos inesperados no mercado, que afetam o negócio, ou interferência de sindicato, em situações de greve, estão relacionados às empresas dos treinandos, e afetam igualmente o desenvolvimento das atividades do treinamento. E, por último, acontecem situações de falta de habilidade na recepção a instrutores externos, entradas e saídas na sala de treinamento causando interrupções na dinâmica do grupo, entrada de pessoas para observar o processo sem a devida comunicação e combinação anterior.

Por isso, as circunstâncias de cada treinamento integram os objetos avaliados, permitindo ampliar a visão da eficiência do treinamento e suas implicações nos resultados desejados, levantando, então, dados úteis, de forma ética, para encaminhar decisões de melhorias futuras.

Objetivos

— Averiguar se as condições necessárias à execução do plano foram atendidas.

— Identificar fatores restritivos — previstos e não-previstos — às aprendizagens, se houver.

— Propiciar decisões para melhorias e ações corretivas.

Objetos avaliados

Os aspectos que permitem avaliar as condições gerais e o apoio logístico ao final do treinamento são, em sua maioria, os mesmos mencionados na avaliação, na etapa anterior. Neste momento, o instrutor considera os aspectos selecionados em relação a todo o período de treinamento.

- sala organizada e limpa com antecedência para o treinamento
- aspectos físicos do ambiente: controle da ventilação, iluminação, temperatura, ruídos internos e/ou externos
- disponibilidade dos equipamentos audiovisuais e outros previstos, instalados e em funcionamento
- materiais de apoio disponíveis nos dias e horários combinados
- serviços de alimentação em horários combinados e locais adequados, com tipos de alimentação adequados
- outros serviços que possam ser oferecidos, previamente combinados e disponíveis.

Condições "administrativas":

- presença de todos os participantes nos dias e horários combinados
- não interrupção dos trabalhos, por chamadas telefônicas de outro motivo
- comunicação prioritária ao instrutor sobre ocorrências imprevistas relacionadas ao treinamento
- comunicação antecipada ao instrutor sobre a aplicação de questionário de avaliação final ou teste da empresa ou outras ações administrativas
- participação de gestores e outros no encerramento do treinamento

Procedimentos

Do instrutor

1. Elaboração de um *check-list* contendo os itens a serem avaliados em sua observação
2. Observações diárias.
3. Análise com o coordenador do treinamento.
4. Tomada de decisões quanto à correção de rumos.

Instrumentos

a) Exemplo de *check-list* para uso do instrutor

Avaliação do Treinamento: .... Local: ....

Foco: Apoio logístico Data: ....

Avaliação do Apoio Logístico

Freqüência / ***Aspectos***	***Sempre***	***Quase sempre***	***Às vezes***	***Poucas vezes***	***Raras vezes***	***Nunca***
A sala apresentou-se organizada e limpa, com antecedência para o treinamento?						
A temperatura e a ventilação foram adequadas?						
A iluminação foi adequada?						
Houve ruídos internos e/ou externos que interferiram?						
As cadeiras e mesas foram adequadas?						
Os equipamentos audiovisuais encontravam-se disponíveis?						
Os equipamentos audiovisuais foram instalados em tempo hábil?						
Os equipamentos audiovisuais funcionavam?						
Os materiais de apoio estavam disponíveis nos dias e horários combinados?						
Os serviços de alimentação foram nos horários combinados e locais adequados?						
O tipo de alimentação foi compatível com os horários de trabalho?						

Observações:

b) Exemplo de *ckeck-list* para uso do instrutor

Avaliação do Treinamento: .... Local: ....

Foco: Condições Data: ....

Avaliação das Condições

Freqüência ***Aspectos***	***Sempre***	***Quase sempre***	***Às vezes***	***Poucas vezes***	***Raras vezes***	***Nunca***
Os participantes compareceram nos dias combinados?						
Os participantes estavam presentes nos horários combinados?						
Os participantes se afastaram do treinamento para tarefas em seu setor ou para outras atividades?						
Houve comunicação prioritária ao instrutor sobre ocorrências imprevistas relacionadas ao treinamento?						
Houve comunicação antecipada ao instrutor sobre a aplicação de questionário de reações ou teste da empresa?						
Houve comunicação antecipada ao instrutor sobre a participação de gestores e outros no encerramento do treinamento?						

Observações:

Desempenho do instrutor

Na seção anterior, foi caracterizada a importância do desempenho do instrutor, durante o treinamento.

Da mesma forma, ao seu final, é preciso ter os mesmos focos de avaliação, porém, na abrangência de todo o treinamento.

Objetivos

— Concluir sobre a eficiência do instrutor na aplicação integral do Plano de Treinamento previsto.

— Concluir sobre a quantidade do relacionamento interpessoal estabelecido pelo instrutor com cada treinando e com o grupo.

Objetos avaliados

Consideramos os seguintes aspectos significativos ao desempenho do instrutor:

• Conhecimento do assunto do treinamento em termos de domínio de dados, fatos, terminologia, conceitos e princípios básicos

• Domínio de Habilidades Técnicas de Ensino, tais como: Comunicação, Variação de Estímulos, Uso de Exemplos, Uso do Tempo, fechamento, Pergunta, Espontaneidade, Reforço e *Feedback*

• Relacionamento interpessoal estabelecido com cada treinando e com o grupo

• Aplicação do Plano de Treinamento: atendimento aos objetivos propostos, desenvolvimento dos conteúdos, uso dos materiais e recursos audiovisuais, observação da metodologia, uso do tempo, aplicação das técnicas de avaliação

• Atendimento a normas organizacionais: cumprimento de horários, uso de recursos e materiais combinados, zelo por equipamentos

• Comunicação ao coordenador de treinamento de fatos especiais ocorridos

O desempenho do instrutor pode ser avaliado por ele mesmo, pelos treinandos e pelo coordenador do treinamento.

Instrumentos

a) A avaliação do instrutor pode ser feita através da técnica do questionário entregue aos treinandos para suas opiniões, por meio de perguntas abertas, tais como as apresentadas abaixo:

Avaliação do Treinamento: ....

Participantes: .... Carga horária: ....

Instrutor: .... Data: ....

Avaliação do Desempenho do Instrutor

1. Como você avalia o desempenho do instrutor em termos de domínio dos conhecimentos desenvolvidos no treinamento?

2. Como você avalia o desempenho do instrutor em termos de domínio das seguintes habilidades?

   Comunicação:

   Uso do tempo:

   Uso de exemplos:

   Variação de estímulos:

   Relações com o grupo:

3. Comentários:

b) Exemplo de aspectos a serem investigados de forma mais detalhada, como apresentado na Ficha de Avaliação a seguir, cujo foco é a Habilidade de Variação de Estímulos do Instrutor.

Avaliação do Treinamento: ....
Instrutor: .... Setor: ....
Observador: .... Data: ....
Foco: Habilidade de Variação de Estímulos

CONVENÇÃO — NÍVEIS:
0 (zero) = não evidenciou o comportamento
1 (um) = evidenciou com pouca freqüência o comportamento
2 (dois) = evidenciou de forma freqüente o comportamento
3 (três) = evidenciou de forma freqüente e adequada o comportamento

Comportamentos do instrutor	Níveis			
	3	2	1	0
Utilizou gestos, expressão facial e corporal e a mímica				
Variou sua localização no espaço				
Usou sua voz com volume apropriado				
Mudou a entonação da voz para enfatizar o que dizia				
Fez pausas e silêncios de forma adequada				
Apresentou exemplos para ilustrar o assunto				
Apresentou casos ou anedotas sobre o tema do treinamento				
Apresentou analogias				
Estabeleceu interação positiva com o grupo				
Propôs diferentes formas de interatividade no grupo				
Usou técnicas variadas para facilitar a aprendizagem dos treinandos: de observação, descrição, informação, reflexão, discussão, descoberta, experimentação, revisão, crítica e avaliação.				
Citou autor(es) e obras				
Explorou recursos audiovisuais variados: — — — —				
Observou a técnica adequada no uso de cada recurso audiovisual: — — — —				
Solicitou a participação dos treinados na exploração de recursos visuais de ensino				
Observações:				

Aproveitamento dos treinandos

O aproveitamento dos treinandos decorre das aprendizagens realizadas ao longo de todo o treinamento, de seus sentimentos e opiniões em relação ao tema, ao instrutor, ao programa, ao ambiente, aos colegas e das suas necessidades e perspectivas ao fazer uso dos conhecimentos no seu trabalho e o que isso representa para eles, assim como de sua própria atuação durante o mesmo. Neste item, convém salientar que a presença constante e pontual em todas as sessões — sem afastamentos para tratar de outras questões —, realizando todos os exercícios, acompanhando todas as atividades planejadas, interagindo com o grupo, perguntando, discutindo, experimentando, analisando, propondo, observando, enfim, construindo a sua própria aprendizagem é essencial, pois que dessas ações depende o alcance dos objetivos.

Os sentimentos e opiniões dos treinandos são investigados porque fornecem informações importantes ao instrutor para entender de forma mais ampla os progressos ou as dificuldades constatadas. O modo como a pessoa está se sentindo é um pré-requisito importante na ocorrência ou não de aprendizagem. Portanto, faz sentido essa pesquisa, não como um fim, mas como um meio de interpretação.

As aprendizagens a serem investigadas são aquelas previstas no Plano de Treinamento. Se o instrutor usa um referencial teórico, como uma taxionomia de objetivos, e elabora seus objetivos baseado nisso, essa taxionomia será então a sua base para a avaliação.

Os objetivos de aprendizagem podem agrupar-se em três áreas, quais sejam: cognitiva — quando tratar-se de conhecimentos; afetiva — quando tratar-se de conteúdos socioemocionais; psicomotora — quando envolver ações motoras. Em cada área, os objetivos são classificados e hierarquizados em uma taxionomia, na qual há uma seqüência gradativa de níveis, do mais simples ao mais complexo. Os objetivos da área cognitiva estão especificados na técnica do TESTE, já descrita anteriormente.

Essa classificação orienta a seleção de técnicas a serem escolhidas para a avaliação e o tipo de exigências nas tarefas e questões a serem propostas.

Objetivos

— Verificar o nível das aprendizagens realizadas e o progresso dos treinandos.

— Estabelecer relações entre as reações, a participação, nível de aprendizagem, objetivos do treinamento.

— Obter subsídios para dar *feedback* aos treinandos.

Objetos avaliados

• as aprendizagens realizadas pelos treinandos em relação aos objetivos definidos no plano e às suas necessidades e quanto progrediram; se atendeu às suas expectativas

• participação nas atividades: pontualidade, assiduidade, o comprometimento com as tarefas, atenção, interesse e relações com colegas e instrutor

• as reações dos treinandos ao instrutor, aos colegas, ao conteúdo, ao método e técnicas utilizados pelo instrutor, aos recursos audiovisuais, às relações estabelecidas entre instrutor e grupo, às condições físicas do ambiente, etc.

Procedimentos

Ao final do treinamento, várias técnicas podem ser aplicadas:

Do instrutor

1. Teste especialmente elaborado, de acordo com os conteúdos efetivamente desenvolvidos no treinamento e seus objetivos.

2. Correção e tabulação das respostas e organização de tabelas.

3. Elaboração de gráficos para análise do rendimento.

4. Auto-avaliação dos treinandos sobre a sua participação e o seu aproveitamento, solicitando que estabeleçam comparações entre a situação inicial e final do treinamento.

5. Correção e tabulação das respostas e organização de tabelas.

6. Elaboração de gráficos para análise das suas opiniões.

7. Questionário para coletar a opinião dos treinandos sobre as suas reações, como foi o desenvolvimento do plano, suas condições e sobre o desempenho do instrutor.

8. Correção e tabulação das respostas e organização de tabelas.

9. Elaboração de gráficos para análise das suas opiniões.

10. Análise e interpretação dos dados registrados em observações feitas por ele, sobre a participação dos treinandos durante o treinamento.

11. Entrevista com treinandos sobre trabalhos realizados ou participação, se considerar necessário.

12. Análise dos dados tabulados dos resultados do teste, do questionário, da auto-avaliação, de suas observações e de entrevista; interpretação em relação ao previsto.

13. Conclusões sobre as aprendizagens, a partir das reações, a participação, resultados, nível de aprendizagem, objetivos do treinamento.

14. Comunicação e *feedback* aos treinandos sobre o seu aproveitamento e do grupo.

15. Reunião com o coordenador do treinamento para análise de todas as informações e resultados alcançados.

Instrumentos

a) Exemplo de instrumento — Escala de avaliação — para auto-avaliação dos treinandos sobre a sua participação e aproveitamento, solicitando comparações entre a situação inicial e final do treinamento.

Avaliação do Treinamento: ....

Funcionário: .... Setor: ....

Foco: .... Data: ....

Auto-avaliação dos Treinandos

1. Assinale a alternativa que corresponde à sua situação:

Freqüência *Aspectos*	*Sempre*	*Quase sempre*	*Às vezes*	*Raras vezes*
Estive presente nas sessões				
Fui pontual				
Executei os exercícios propostos				
Troquei idéias/sugestões com colegas				
Colaborei em trabalhos de grupo				

2. Como você considera a sua participação no treinamento?

3. Como você avalia o seu aproveitamento neste treinamento, comparando seus conhecimentos do início até o momento?

4. Comentários:

b) Questionário para coletar a opinião dos treinandos sobre as suas reações, o desenvolvimento do plano e o apoio logístico.

Avaliação do Treinamento: ....

Funcionário: .... Setor: ....

Foco: Avaliação do Plano de Treinamento Data: ....

Avaliação do Plano

1. Como você avalia o treinamento?

Quanto a:	*Excelente*	*Muito bom*	*Adequado*	*Pobre*
a) alcance dos objetivos	4	3	2	1
b) desenvolvimento dos conteúdos	4	3	2	1
c) adequação dos conteúdos	4	3	2	1
d) metodologia estimuladora	4	3	2	1
e) recursos audiovisuais variados	4	3	2	1
f) materiais bem apresentados	4	3	2	1
g) tempo bem aproveitado	4	3	2	1
h) instalações adequadas	4	3	2	1
i) disponibilidade de recursos	4	3	2	1

2. Comentários/sugestões:

Se houver interesse, os aspectos de avaliação do plano, do instrutor e do apoio logístico podem estar contidos no mesmo instrumento de avaliação para os treinandos.

4.4. Avaliação após o Treinamento

A expectativa na realização de um treinamento é o desenvolvimento da competência profissional de uma ou mais pessoas, trazendo resultados para a empresa que o promoveu. Seja em termos qualitativos ou quantitativos.

Para se chegar aos resultados do treinamento, é preciso concluir, primeiro, se ele provocou mudanças no desempenho do participante em seu cargo, pela aplicação dos conhecimentos assimilados. Se isso ocorreu, então cabe investigar se essa mudança foi significativa a ponto de produzir impacto na equipe, no setor, no departamento ou, mesmo, na empresa como um todo.

Objetivos

Após o treinamento, a avaliação tem como objetivos:

— Averiguar a transferência de conhecimentos para a prática no trabalho.

— Identificar as variáveis facilitadoras e restritivas a essa transferência.

— Verificar as mudanças ocorridas no desempenho do funcionário que participou do treinamento.

— Identificar e comprovar, se possível, os resultados e as repercussões ocasionados pelo treinamento.

— Concluir se a situação posterior ao treinamento é melhor do que a anterior.

Objetos avaliados

Após o treinamento, são dois os aspectos principais de avaliação:

- mudança de comportamento no cargo
- resultados obtidos

Mudança de comportamento

A avaliação da mudança de comportamento investiga o processo de transferência dos conhecimentos do participante em seu trabalho, depois da realização deste e as condições em que ocorre.

Transferência de conhecimentos

A transferência de conhecimentos, no âmbito do treinamento, é a aplicação dos conhecimentos adquiridos por uma pessoa em situações do trabalho. É a passagem do saber construído e teórico ao saber-fazer, saber-usar, essencialmente prático. Para isso, é preciso a ocorrência de aprendizagens em um nível tal que permita a mudança de comportamentos.

É importante assinalar que mesmo que a avaliação realizada ao final do treinamento tenha demonstrado que os participantes aprenderam o que fora previsto, não necessariamente essa transferência de conhecimentos dar-se-á de forma automática. Isso porque usar conhecimentos em situações de prática exige o domínio dos mesmos em um nível bastante elevado e determinadas circunstâncias. Por isso é que esse deslocamento do saber ao fazer deve ser investigado.

Não é suficiente o treinamento facilitar, a uma pessoa, a aquisição de informações, mesmo sendo novas e variadas. Pode significar apenas o uso da memória. É preciso mais de um treinamento. É preciso ir além, passando por outros processos mentais, como a comparação, classificação, o estabelecimento de relações, análise, síntese, e sempre que possível chegar ao nível da compreensão de conceitos, de crítica, de princípios e suas aplicações, permitindo a ocorrência de aprendizagens mais duradouras e permanentes. Tudo isso diz respeito não só aos conteúdos do treinamento, mas também aos níveis dos objetivos, concretizados por uma determinada metodologia e recursos que os viabilizem.

Por exemplo, quando se identifica um grupo de vendedores com baixo índice de vendas, comparado a outros grupos, cujo diagnóstico é a falta de habilidade em técnicas de vendas, é planejado um treinamento para o desenvolvimento dessa habilidade. A avaliação da mudança de comportamento, após a sua realização, vai focalizar o uso da habilidade em situações da realidade: o modo como os vendedores estão vendendo, como abordam os clientes, o que eles dizem aos clientes sobre o produto, como dizem, como se relacionam, como argumentam, como negociam, como fecham a venda. Enfim, todos os comportamentos que compõem a habilidade em técnicas de venda.

Existe uma íntima relação entre os *níveis de objetivos, os conteúdos, a metodologia do treinamento, o nível das aprendizagens realizadas pelo participante*. E, sendo essa relação positiva e consistente, a conseqüência é a possibilidade de mudança de comportamento no trabalho.

Quando não se constata a mudança de comportamento, na prática, é preciso investigar as etapas anteriores. No exemplo apresentado, seria a análise da execução do Plano de Treinamento, identificando se o conteúdo previsto, "Habilidade em Técnicas de Venda", foi desenvolvido e se foi suficiente; ver se foram porpostas aos treinandos atividades práticas e variadas junto com materiais ilustrativos, facilitando a compreensão da técnica e a experimentação de comportamentos da habilidade em treinamento e, assim, tornando possível alcançar o objetivo: "Desenvolver a habilidade em Técnicas de Venda". Também, investigar a carga horária foi cumprida e se foi adequada, permitindo a todos os treinandos realizarem as práticas. Quanto à competência do instrutor desse treinamento, é preciso conferir se houve o atendimento ao plano proposto e, se houve modificações, quais foram e as razões das alterações. Se, ao final do treinamento foi aplicado um questionário aos treinandos sobre o desempenho desse instrutor, cabe examinar os depoimentos quanto às suas habilidades didáticas e quanto ao domínio do assunto. Por último, analisar a avaliação da aprendizagem, se demonstra o que os vendedores aprenderam. Trata-se, pois, de pesquisar a correspondência entre o que foi "tratado" didaticamente no treinamento e os comportamentos previstos para a pessoa em suas funções na prática.

Nesse sentido, o avaliador examina as relações entre a *necessidade inicial ↔ plano de treinamento ↔ avaliação ao final do treinamento ↔ mudanças de comportamento*, após o treinamento.

Variáveis do contexto

O avaliador também precisa examinar o contexto do participante, após um treinamento. Além dos aspectos já mencionados, as circunstâncias também influem na possibilidade de uma pessoa mudar o seu comportamento.

Sabe-se que, na realidade, nem sempre a situação de retorno de um treinamento apresenta-se ao participante de forma estimuladora às mudanças de comportamento no cargo. A análise das circunstâncias em que se encontra a pessoa no retorno de um treinamento é fundamental para que o avaliador identifique os elementos que interferem na situação de transferência de conhecimentos, sejam os que a facilitam, sejam os que a dificultam ou, mesmo, restringem-na.

Em situações reais, observa-se que, muitas vezes, as variáveis relacionadas ao contexto do setor ou até da organização têm um peso maior nas possibilidades de mudança de comportamento da pessoa, do que ela mesma.

Com essa análise, o avaliador tem uma visão ampla do contexto do treinamento e tem mais elementos para compreender e explicar resultados positivos e negativos, apontando sugestões para a melhoria do treinamento, já que a avaliação não deve ser um fim em si mesma, mas promover o aperfeiçoamento das pessoas e da organização.

A análise das variáveis pode ser feita usando duas categorias. Uma que as classifica em individuais, setoriais e organizacionais e outra, em variáveis facilitadoras e restritivas.

Entre as variáveis individuais, isto é, da própria pessoa que realizou o treinamento, pode-se identificar como facilitadores às mudanças de comportamentos, por exemplo:

— a vontade e determinação da pessoa em colocar em prática o que aprendeu

— a motivação com relação às novas ações

— o sentimento de segurança quanto ao domínio dos conhecimentos

— a percepção da oportunidade de crescimento profissional

— a curiosidade

— expectativa de colocar em prática

— força de vontade

— consciência do uso das técnicas/habilidades

Entre as variáveis individuais que dificultam e restringem as mudanças de comportamentos estão:

— a falta de iniciativa

— a falta de vontade da pessoa em colocar em prática o que aprendeu

— a falta de motivação

— o sentimento de insegurança quanto ao que aprendeu

— o sentimento de insegurança quanto à sua capacidade em fazer coisas novas

— o sentimento de defesa e resistência às mudanças

— o medo de errar e não corresponder às expectativas

— a falta de tempo/dificuldades no controle do tempo

— a falta de experiência profissional

— pouco tempo na empresa

Entre as variáveis setoriais, isto é, referentes à equipe, à liderança/ao gestor e ao setor da pessoa que realizou o treinamento — abrangendo processos, recursos, condições físicas, equipamentos, instrumentos, etc. — pode-se identificar como facilitadores:

— crença de que a mudança de comportamento é uma solução desejada na equipe ou no setor

— as expectativas do setor quanto às mudanças

— o apoio, encorajamento da liderança/gestor

— apoio da equipe

— alocação de tempo

— disponibilidade de equipamentos, instrumentos, materiais, etc., se for o caso

— cronograma de ação

— local adequado

— conscientização coletiva quanto às vantagens da introdução da mudança

Entre as variáveis setoriais que dificultam, restringem ou podem até impedir a introdução de mudanças de comportamento estão:

— expectativas negativas do setor quanto às mudanças

— falta de apoio da liderança/gestor

— falta de apoio da equipe

— falta de tempo/pouco tempo

— falta de equipamentos, instrumentos, materiais, etc., se for o caso

— outras exigências do setor, com outras prioridades

— afastamento de pessoa(s) na equipe

— excesso de atividades

— pensamento negativo na equipe quanto ao futuro

Variáveis organizacionais facilitadoras:

— a valorização do treinamento na empresa, como questão estratégica

— a expectativa de um treinamento considerado prioritário

— política de controle dos treinamentos

— grande número de pessoas treinadas

Variáveis organizacionais restritivas:

— mudança de prioridade durante o treinamento

— falta de recursos

— troca de chefia

— eventos negativos inesperados

— crença de que o treinamento não é importante na empresa

Assim, cabe ao avaliador investigar essas variáveis e estabelecer relações entre:

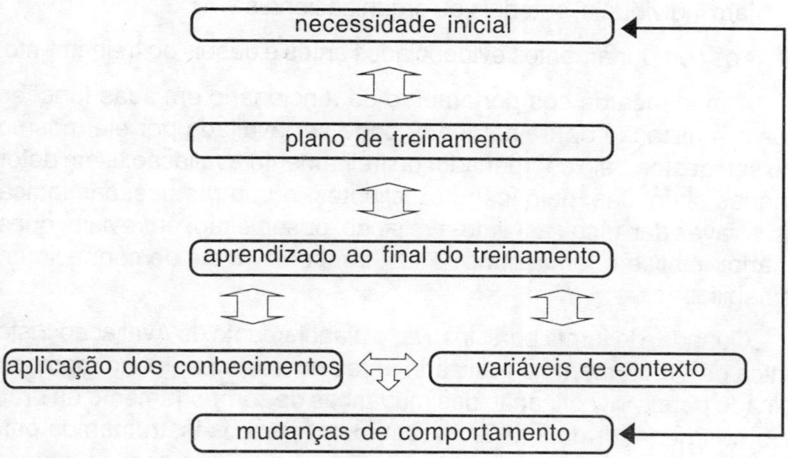

Objetivos

Avaliar as mudanças de comportamento no cargo serve para:

— Examinar o desempenho da pessoa nas ações relacionadas às aprendizagens do treinamento realizado.

— Investigar a transferência de conhecimentos aprendidos para a prática no trabalho.

— Identificar as variáveis facilitadoras e restritivas a essa transferência.

— Concluir sobre as mudanças ocorridas no desempenho da função.

Objetos avaliados

São objetos de avaliação:

- a aplicação dos conhecimentos adquiridos, sejam dados, informações, fatos, idéias, conceitos ou princípios na execução de tarefas, operações, métodos, processos, tecnologias ou serviços, na produção de peças, produtos
- o uso das habilidades aprendidas: intelectuais, técnicas, socioafetivas, psicomotoras

- a mudança de atitudes
- as variáveis intervenientes na mudança de comportamento, sejam individuais, setoriais ou organizacionais
- os comportamentos evidenciados antes e depois do treinamento

A mudança de comportamento do funcionário em suas funções, após a realização do treinamento, pode ser avaliada por ele mesmo, pelo seu gestor, pelo coordenador do treinamento/avaliação e, em determinadas situações, pelo instrutor, clientes, ou outras pessoas indicadas, através das técnicas: auto-avaliação, observação, entrevista, questionário, análise e, em alguns casos, também o teste de conhecimentos/habilidades.

Quando, de forma participativa, o planejamento da Avaliação Sistemática de Treinamento é realizado antes do treinamento, no momento indicado para a investigação das mudanças de comportamento na prática, o coordenador da avaliação, então, prepara os instrumentos para aplicação das técnicas já definidas e mantém contato com os envolvidos, cientes do processo, marcando as respectivas datas. Se tiver sido previsto e for adequado, o instrutor do treinamento também participa.

Caso contrário, ele precisa combinar com o gestor ou instrutor e com o funcionário ou funcionários que estiveram em treinamento, as técnicas a serem aplicadas e as datas.

Quem usa a técnica...

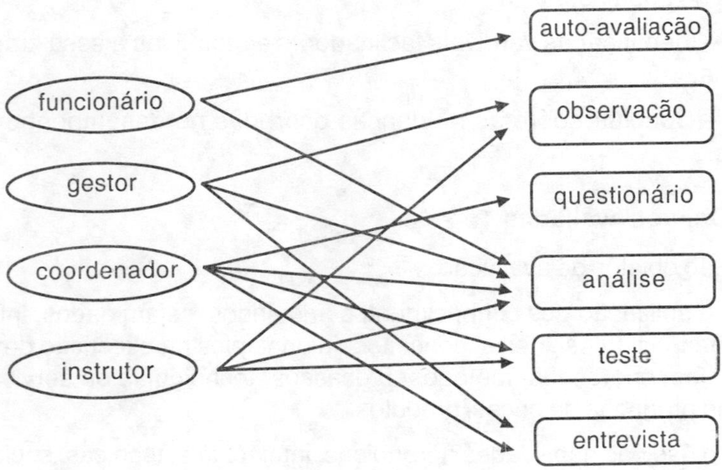

Procedimentos

Do coordenador do treinamento ou da avaliação/instrutor

1. Preparação da auto-avaliação do funcionário, definindo os aspectos a serem considerados: os conhecimentos que estão sendo aplicados, sejam dados, informações, fatos, idéias, conceitos ou princípios na execução de tarefas, operações, métodos, processos, tecnologias ou serviços, na produção de peças ou produtos; como ele está aplicando os conhecimentos e as habilidades, as idéias novas; como está usando as habilidades aprendidas: intelectuais, técnicas, socioafetivas, psicomotoras; as atitudes mudadas; os comportamentos; o tempo alocado; as sugestões e adequações à realidade do setor e da empresa.

2. Elaboração do instrumento.

Se houve aplicação de instrumento em auto-avaliação, antes do treinamento, usa-se o mesmo.

3. Encontro do instrutor com os funcionários treinados, preferencialmente, enviar o instrumento para que eles respondam e enviem as respostas.

Vamos detalhar essa atividade que tem se mostrado muito útil na prática.

Encontro pós-treinamento

É uma oportunidade de reflexão entre os treinandos e o instrutor sobre as experiências do grupo, no período imediatamente após o treinamento. Os treinandos têm a oportunidade de fazer uma auto-avaliação dos seus conhecimentos atuais e compará-los à época que precedeu o treinamento. A partir daí, analisar o processo de transferência de conhecimentos para a prática, os fatores que facilitaram essa passagem, assim como aqueles que a dificultaram ou até impediram. Também, para o instrutor esse encontro é enriquecedor na medida em que ele pode avaliar o grau de aproveitamento dos treinandos e obter *feedback* importante sobre a execução do seu Plano de Treinamento, identificando possíveis alterações para a próxima realização. Possibilita ainda a troca de experiências, idéias e sugestões no grupo, sendo um novo momento de aprendizagem e motivação.

Objetivos do encontro

— Analisar de que forma aconteceu a transferência dos conhecimentos em suas atividades.

— Revisar e sistematizar conteúdos.

— Identificar os fatores que interferiram na aplicação de conhecimentos.

— Verificar, se possível, os efeitos para o setor/departamento com a melhoria do desempenho.

O Encontro pós-treinamento se desenvolve da seguinte forma:

O instrutor faz uma revisão geral dos conteúdos do treinamento; propõe a auto-avaliação dos treinandos, que é analisada no grupo; os treinandos relatam as ações que já desencadearam em seu trabalho, relacionadas ao treinamento, que são analisadas, e identificam os fatores que facilitaram ou dificultaram a sua prática, classificando-os em níveis: individual, setorial e organizacional, devidamente tabulados e interpretados. Quando os fatores restritivos no nível setorial e organizacional forem muito significativos, cabe combinar com o grupo uma estratégia para o encaminhamento de soluções. Levantam-se as opiniões do grupo quanto ao seu aperfeiçoamento. Por fim, é feita a avaliação do encontro. Todos os dados são analisados com o coordenador do treinamento.

4. Planejamento da Observação.

A técnica da observação possibilita a coleta de dados sobre o desempenho da pessoa diretamente em seu posto de trabalho. O observador pode ser o gestor, o instrutor ou outra pessoa indicada. É preciso planejar a observação: quem observa, o que deve ser observado, quando observar, com que freqüência, quanto tempo vai durar cada observação e como registrar os dados coletados. Por exemplo, se o problema existente era a incidência de acidentes do trabalho pelo uso incorreto de equipamentos de segurança em uma determinada equipe, após o treinamento, o que deve ser observado é o uso correto dos mesmos por cada um dos seus integrantes. Neste caso, observa-se se cada pessoa usa o equipamento indicado para a sua situação de trabalho no momento: luvas, óculos, botas, protetor auricular, etc.; se a pessoa usa cada um deles de forma adequada e se usa pelo período de tempo necessário. Essa observação precisa ser feita por várias vezes, em vários momentos diferentes, isto é, no início do seu turno de trabalho, no meio e no final, para que se possa concluir que o comportamento desejado, isto é, o uso correto dos EPIs, dá-se de forma constante. Assim, se a equipe não apresentava o comportamento desejado antes do treinamento, o uso correto, adequado e constante de equipamentos de segurança, se houve um treinamento específico para a aquisição de conhecimentos, habilidades e atitudes adequados e se, posteriormente, o comportamento evidenciado está diferente, isto é, da forma como foi ensinado, pode-se concluir que há evidências da mudança de comportamento no cargo.

Convém enfatizar, mais uma vez, que a pessoa observada *sempre* deve ser comunicada, com antecedência, do uso dessa técnica como um meio de avaliação, inclusive os dias e horários. Mesmo que a pessoa se "prepare" para ser observada, é a repetição da observação, em vários momentos e situações diferentes, que permite a conclusão sobre a regularidade dos seus comportamentos.

5. Elaboração do instrumento de observação junto com o gestor e/ ou observador/instrutor.

Se houve observação do desempenho antes do treinamento com um determinado instrumento, usa-se o mesmo.

6. Observações nos dias e horários combinados.

7. Análise dos dados coletados para interpretação e conclusões sobre a ocorrência ou não da mudança de comportamento do funcionário observado.

8. Planejamento de entrevista: com o gestor do funcionário e com o próprio funcionário. Esta técnica possibilita a investigação, direta, de opiniões, depoimentos e sentimentos: sobre o desempenho do funcionário em suas funções, como o funcionário está aplicando os conhecimentos e as habilidades, as idéias novas, as condições para introduzir melhorias, a disponibilidade de tempo, o apoio do gestor, as sugestões e as adequações à realidade do setor e da empresa; sobre as ações do gestor no retorno desse funcionário do treinamento realizado, sobre as variáveis intervenientes no desempenho: facilidades/dificuldades que enfrentam no momento, comparação entre comportamentos antes e depois do treinamento; e, ainda, sobre as reações da equipe.

9. Preparação de roteiro ou questões para a realização e registro das entrevistas.

10. Realização das entrevistas com o gestor e funcionário.

11. Planejamento de questionário a ser enviado ao funcionário que esteve em treinamento, aproximadamente 15 dias após o seu retorno ao trabalho. O questionário pode pesquisar, por exemplo, como está se

sentindo, os conhecimentos que está utilizando na prática, o que o está afetando nesse período, etc.

Se for realizado o Encontro Pós-treinamento, esse questionário torna-se dispensável.

12. Envio do questionário ao funcionário.

13. Recebimento e tabulação das respostas.

14. Análise de todos as informações obtidas sobre a mudança no desempenho dos funcionários que estiveram em treinamento com o gestor/instrutor, para a conclusão da avaliação nesta etapa:

— O treinamento realizado provocou ou não mudanças no desempenho?

— As mudanças ocorridas foram significativas a ponto de alterar a situação inicial para melhor?

Todos os procedimentos anteriormente apresentados podem ter produzido *evidências* das mudanças ocorridas, ou seja, manifestações que apontam para a certeza.

No entanto, se houver interesse em obter a comprovação, ou seja, a obtenção de dados e fatos que atestam a veracidade da situação, então, há necessidade no uso de ferramentas de controle para isolar as variáveis que possam contribuir para as mudanças de comportamento.

Uma dessas ferramentas é o Uso de Grupos de Controle, cujas etapas são:

a) medição no grupo a ser treinado antes do treinamento;

b) medição no grupo de controle antes do treinamento;

c) medição no grupo treinado depois do treinamento;

d) medição no grupo de controle depois do treinamento.

Os resultados das medições são comparados e, sendo melhores os níveis obtidos pelo grupo de treinamento do que os do grupo de controle, então, considera-se que é a prova de que o treinamento produziu tais efeitos.

Instrumentos

a) Exemplo de um instrumento que poderia ser encaminhado ao funcionário para a auto-avaliação

Departamento: .... Setor: ....

Funcionário: .... Data: ....

Mudança de Comportamento

Este instrumento tem por objetivo propiciar a sua auto-avaliação em relação à transferência de conhecimentos e habilidades na sua prática, a partir do treinamento.., recentemente realizado.

Solicitamos a sua colaboração no envio, deste, ao setor de Treinamento, no prazo de 3 dias.

☛ *Escolha a alternativa adequada à sua avaliação*:

1. Estou aplicando conhecimentos adquiridos na execução de tarefas / operações/tecnologias/serviços.

☐ Sim.
Especifique os conhecimentos e as respectivas tarefas:
(ou operações/tecnologias/serviços)
....

☐ Não.
Por quê?
....

☐ Em parte.
Por quê?
....

continua

2. Estou usando habilidades aprendidas.

☐ Sim.
Especifique qual e as situações:
....

☐ Não.
Por quê?
....

3. Tive idéias novas para melhorias em meu trabalho.

☐ Sim e já foram colocadas em prática.
☐ Sim, tentei, mas não consegui colocá-las em prática.
☐ Sim e ainda não foram colocadas em prática.
☐ Outra. Especifique, por favor: ....

Neste caso, indique as razões, de acordo com a sua opinião:

☐ Faltam recursos ☐ Falta tempo ☐ Falta decisão
☐ Falta apoio ☐ Insegurança ☐ Existem outras prioridades
☐ Outra. Especifique, por favor: ....

4. Mudei minha atitude em relação a:

☐ clientes
☐ colegas
☐ meu trabalho

☛ *Responda, por favor:*

5. Se as suas respostas anteriores foram positivas:

— Como está se sentindo com as mudanças introduzidas?

— Qual a repercussão que você percebe na equipe ou setor?

6. Que sugestões ou comentários você gostaria de fazer?

b) Exemplo de um *check-list* para observação de funcionário

Mudança de Comportamento

Departamento: .... Setor: ....
Funcionário: .... Observador: ....
Foco: Uso de EPIs

Comportamentos observáveis:	*Dia:* *Início:* *Término:*	*Dia:* *Início:* *Término:*	*Dia:* *Início:* *Término:*
a) Usa luvas corretamente			
b) Usa os óculos indicados corretamente			
c) Usa protetor auricular, quando necessário			

Observações:

c) Exemplo de roteiro para o coordenador do treinamento entrevistar o gestor do funcionário que foi treinado

Departamento: .... Setor: ....

Funcionário: .... Data: ....

Mudança de Comportamento

1. Como está o desempenho do funcionário .... após o treinamento?

2. Como ele está executando as tarefas, comparando com a situação anterior ao treinamento?

	Mais	Igual	Menos
facilidade			
rapidez			
segurança			
erros			
desperdício			
retrabalho			

3. Como está o seu interesse no trabalho?

4. O que foi disponibilizado para a introdução de melhorias?

— materiais

— instrumentos

— recursos

— equipamentos

— tempo

5. Comparando com o seu desempenho anterior ao treinamento, o que você tem observado?

6. Observações:

d) Exemplo de ficha de observação-descritiva do funcionário

Departamento: .... Setor: ....

Funcionário: .... Observador: ....

Foco: Comportamentos do vendedor

Mudança de Comportamento

Comportamentos	*Descrição*
Cumprimenta o cliente	
Aborda o cliente	
Pergunta ao cliente	
Expõe características do produto	
Escuta o cliente	
Argumenta	
Negocia	
Fecha a venda	
Observações:	

e) Roteiro de questões para entrevista do coordenador de treinamento com o funcionário, após o treinamento:

Departamento: .... Setor: ....

Funcionário: .... Data: ....

Foco: Comportamentos do vendedor

Mudança de Comportamento

1. Como está a execução das atividades após o treinamento?

— com mais facilidade

— mais rápido

— mais segurança

— menos erros

— menos desperdício

2. Existem ou não condições — materiais, equipamentos — para a melhoria na execução das novas tarefas?

3. Foram apresentadas sugestões relacionadas ao treinamento?

4. Qual tem sido a reação do gestor com as mudanças?

5. Como está o nível de satisfação com o trabalho?

6. Quais as sugestões para melhoria?

f) A seguir, é apresentado em forma de *check-list* um exemplo de roteiro de ações do gestor para uso no período posterior ao treinamento de seus funcionários

Departamento: .... Setor: ....

Treinamento: .... Data: ....

Funcionário: ....

Acompanhamento Pós-treinamento.

Ações do gestor no retorno de treinamento de seus funcionários:

- ☐ Entrevista rápida com o funcionário.
- ☐ Entrevista mais detalhada com o funcionário.
- ☐ Observação do desempenho do funcionário.
- ☐ Coordenação do relato do funcionário para o grupo.
- ☐ Apoio ao funcionário para aplicação dos conhecimentos/habilidades adquiridos.
- ☐ Controle da emissão de relatório pelo funcionário (treinamentos externos).
- ☐ Controle da introdução de mudanças e inovações no setor, a partir dos conhecimentos adquiridos.
- ☐ Controle do encaminhamento do material recebido no curso ao setor de treinamento (treinamentos externos).
- ☐ Envio do Questionário de Avaliação (30 dias após o evento) para o setor de treinamento.
- ☐ Outros:

Resultados obtidos

A etapa final da Avaliação Sistemática de Treinamento é a investigação dos resultados para a equipe ou célula de trabalho, para o setor, para o departamento e para a empresa com a participação de funcionários em um treinamento.

Importância

Essa avaliação de resultados é importante, primeiro porque fornece os elementos finais e conclusivos da eficácia do treinamento. Se este é a estratégia de solução à situação problemática de desempenho em um setor, a análise dos dados finais, nesta etapa da avaliação, deve demonstrar se o treinamento fez ou não fez diferença naquela situação. Trata-se, pois, de estabelecer a relação entre a situação pós-treinamento, situação anterior. Se a relação é positiva, então, como conseqüência, atribuímos o fato à eficácia do treinamento.

Na verdade, a comprovação de que resultados alcançados por uma equipe ou setor devem-se, exclusivamente, à eficácia do treinamento, é o maior desafio da avaliação do treinamento, devido à sua complexidade e às dificuldades da nossa realidade. Além de abranger muitas e diferentes etapas, nas quais atuam diversas pessoas, em diferentes papéis, dificultando a coleta e controle de dados, também, a complexidade está relacionada à natureza desses dados. Há uma dificuldade na etapa inicial, quando da identificação do problema — origem do treinamento. Nem sempre a situação é caracterizada de forma adequada, porque os dados não são claramente apresentados, não são precisos nem exatos. E, isso, já impossibilita a comparação, que deveria ocorrer posteriormente.

Mas a natureza do problema também interfere na qualidade dessa caracterização: nem sempre se trata de questões facilmente mensuráveis. Em um treinamento indicado para resolver conflitos de relacionamento em uma determinada equipe, por exemplo, pode-se constatar, após o treinamento, comportamentos diferentes nas pessoas treinadas e a melhoria no nível de suas relações. Neste caso, identifica-se evidências de ganhos qualitativos na equipe como resultado do treinamento, mas medir exatamente a extensão do conflito e a mudança ocorrida, tratando-se do relacionamento humano, é inapropriado, se não for impossível. Por outro lado, em uma outra situação, o problema está caracterizado pelo alto índice de quebra de equipamentos, por falta de pessoal preparado na manutenção preventiva. Depois de treinamento específico para operadores de manutenção, é possível a medição, novamente, e os números obtidos podem ser comparados com o índice anterior, constatando-se a ocorrência de sua redução. Por essa evidência, a conclusão aponta para o treinamento como causa dessa melhoria.

Nesse sentido, a identificação precisa dos efeitos produzidos pelo treinamento está na dependência da natureza dos dados pesquisados.

Os dados quantitativos podem ser mais facilmente mensuráveis, como: o número de unidades produzidas, a quantidade de mercadorias vendidas, o tempo de uma operação, o número de formulários processados, o valor de lucros auferidos, os índices de perda de clientes, o custo de mercadorias devolvidas, o custo do retrabalho, o custo com acidentes de trabalho, a diminuição no volume de vendas, o percentual de desperdício e a quantidade de erros na redação de um documento.

Os dados qualitativos são mais difíceis de serem obtidos ou não apropriados para medições objetivas, exatas, tais como: a qualidade das relações das pessoas em equipe, com gestores, com clientes, com fornecedores; o grau de cooperação na equipe, a integração entre setores, a imagem de um departamento, o grau de satisfação do cliente, etc.

Cabe, ainda, ressaltar uma questão importante, relacionada à metodologia na pesquisa de dados, isto é, se as informações obtidas representam evidências sobre os impactos do treinamento na equipe ou setor ou se são *provas* da sua eficácia. É nesse momento, justamente, quando se pretende estabelecer uma relação de causa e efeito, baseada em *provas*, por ganhos de produtividade na equipe ou setor, que os obstáculos na avaliação de treinamento aumentam. Como muitas variáveis afetam o desempenho de uma pessoa no trabalho, é possível que algumas delas interfiram em mudanças no desempenho, junto com a aplicação de conhecimentos, advindos do treinamento. Seria necessário um controle efetivo dessas variáveis para isolar o efeito do treinamento e obter provas. Isto exige tempo, recursos e esforços. Portanto, é mais factível a avaliação de resultados mostrar a influência positiva, atribuída ao treinamento, na melhoria de produtividade, do que provar que o treinamento tenha sido o fator decisivo.

O segundo aspecto da importância da avaliação de resultados é a possibilidade de fechamento do ciclo da avaliação. Se a avaliação do treinamento é iniciada com a análise do problema do desempenho em uma equipe e dos seus efeitos no processo ou produto do trabalho, no qual estão envolvidos, então, é sobre esse mesmo universo que a avaliação deve completar o seu ciclo.

O importante é que o avaliador examine, primeiro, a relação entre *resultados obtidos após o treinamento ↔ situação problemática inicial.*

Esta avaliação pode ser feita no mês seguinte ao treinamento realizado, no entanto, nem sempre é adequado marcar uma data fixa. O período será determinado pela oportunidade dos treinandos aplicarem o que aprenderam e, a partir daí, serem levantados os dados necessários.

No caso de serem negativos os efeitos encontrados, então, cabe uma investigação mais aprofundada da cadeia de relações entre a *situação problemática inicial* ↔ *necessidade de treinamento* ↔ *plano de treinamento* ↔ *aprendizagens ao final do treinamento* ↔ *mudanças de comportamento* ↔ *variáveis de contexto* ↔ *resultados obtidos após o treinamento* para a descoberta dos fatores causadores. Se a avaliação vem sendo realizada em cada etapa, com certeza indícios de problema teriam aparecido anteriormente.

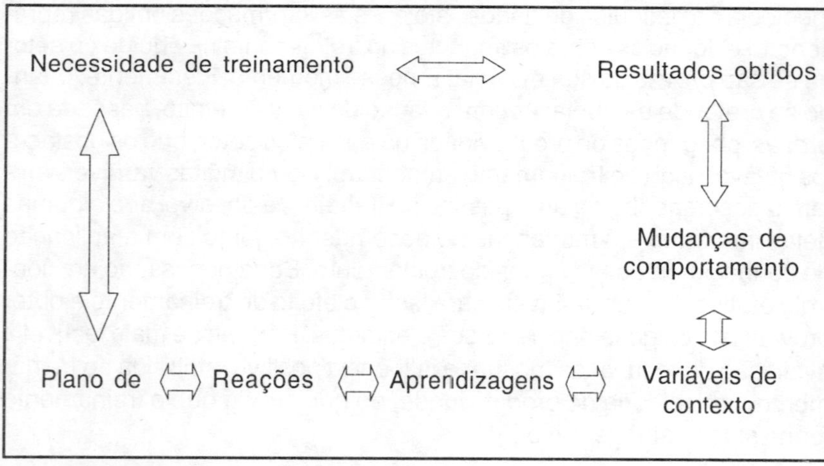

Objetivos

Avaliar o treinamento, nesta etapa, serve para:

— Identificar os resultados e as repercussões obtidas.

— Concluir se a situação posterior ao treinamento é melhor do que a anterior.

— Estabelecer relações entre custos e benefícios.

— Calcular o retorno financeiro dos investimentos.

— Tomar decisões para melhorias.

Objetos avaliados

São objetos de avaliação:

• dados quantitativos — mensuráveis com mais exatidão:

número: itens vendidos, itens produzidos, reclamações, clientes, serviços, queixas, peças devolvidas, peças defeituosas, erros, acidentes, refugo, atendimentos, materiais, pontualidade, absenteísmo e atrasos

tempo: de espera, de manutenção de equipamentos, atendimento a clientes, de supervisão, execução de tarefas, de processos e retrabalho

financeiro: lucro, vendas, serviços

velocidade: atendimento, execução de serviços e tarefas, operações

• dados qualitativos — difíceis de serem mensuráveis com mais exatidão — ou não apropriados a esse tipo de medição: atitudes, hábitos, relações internas e externas, satisfação dos treinandos, dos clientes, da equipe, de fornecedores, imagem da equipe, setor, habilidades, motivação, clima organizacional

• custos *diretos*: pessoal, produtos e serviços externos, locações e viagens, diárias, acomodações e despesas extras; custos *indiretos*: despesas gerais e administrativas

• benefícios

• relação custo-benefício

• retorno sobre o investimento

Procedimentos

Do coordenador da avaliação

1. Levantamento dos custos do treinamento.

Em geral, as empresas já possuem um sistema de classificação de custos de treinamento, sendo portanto extremamente útil, neste momento. A seguir, é apresentada uma classificação[11] que pode auxiliar, neste momento:

---

(11) ASTD — *American Society for Trawning and Development.*

Desenvolvimento do treinamento: *hora-técnica*

— pesquisa e análise de necessidades

— planejamento e criação do projeto

— redação e revisão

— Americar Society for Training and Denelopment.

— produção

Materiais instrucionais

— por participante

— por instrutor

Equipamentos

— projetores, videocassete, computadores, *flip charts*

Instalações

— locações

Despesas externas

— viagem, hotel, refeições

— materiais e locações

Remuneração

— horas de salário dos participantes

— instrutor

— pagamento de consultores

— pessoal administrativo

Perda de produtividade (se aplicável)

— perdas de produção ou perdas de materiais

Os dados desse levantamento serão utilizados mais adiante.

2. Análise do coordenador de treinamento, examinando *se*:

procedimentos → Existem dados mensurados antes do treinamento

procedimentos → Não existem dados mensurados antes do treinamento

A partir dessa constatação o coordenador terá ações diferentes. Assim, ele precisa retornar as informações iniciais do treinamento:

— A necessidade de treinamento está caracterizada claramente com dados quantificados?

— Quais eram os objetivos do treinamento?

— Quais eram os resultados esperados?

Se houve mensuração de dados antes do treinamento.

3. Coordenação da coleta e análise de dados após o treinamento:

a) *Se forem dados qualitativos:*

— Planejamento da observação do desempenho dos funcionários pelo instrutor ou pelo gestor.

— Observações do desempenho (o número de vezes que foi planejado).

— Aplicação de pós-teste, se houve aplicação de um pré-teste; levantamento dos dados.

— Entrevista do coordenador com o instrutor e gestor: análise das informações obtidas; comparação com os dados iniciais e com o custo total do programa; conclusões sobre os efeitos identificados; registro das conclusões sobre as evidências dos efeitos do treinamento na equipe ou setor.

Se os dados mensurados foram através de pré-teste, em vez da técnica da observação, agora, é o momento de aplicação do pós-teste com o mesmo instrumento e, a partir de sua correção, fazer a análise já descrita.

Se houver interesse em aprofundar as conclusões ou buscar mais evidências:

— Planejamento de observação em outro grupo com características semelhantes.

— Observações do desempenho: grupo de controle, com o mesmo instrumento.

— Análise das informações obtidas e comparação dos dados:

grupo de treinamento $\overset{?}{\geq}$ grupo de controle

— Conclusões sobre a comparação entre os dois grupos.

b) *Se forem dados quantitativos*:

— Pesquisa de dados com o gestor ou no setor do funcionário ou outro departamento que tenha levantamentos estatísticos. Por exemplo, o acompanhamento das vendas feitas por vendedores treinados mostra o aumento de 30% no volume de vendas, no mês seguinte ao treinamento. Esse dado é acompanhado pelo gestor.

— Mensuração dos *mesmos itens levantados* antes do treinamento, se os dados ainda não estão disponíveis, no período de 15 ou 30 dias, dependendo da situação.

Antes doTreinamento:	***Depois do Treinamento:***
$ Custo de erros	$ Custo de erros
$ Custo de desperdícios	$ Custo de desperdícios
$ Custo de produtos rejeitados	& Custo de produtos rejeitados
$ Custo de retrabalho	$ Custo de retrabalho
Unidade produzida/hora	Unidade produzida/hora
Número de incidências de determinado problema	Número de incidências de determinado problema
Número de reclamações de clientes	Número de reclamações de clientes
Taxa de produtos defeituosos devolvidos	Taxa de produtos defeituosos devolvidos
Índices de produtividade	Índices de produtividade

Tipos de benefícios que podem ser obtidos como resultados do treinamento:

Ganho de tempo
Tempo de liderança menor para alcançar proficiência
Menor tempo requerido para desempenhar uma operação
Menor necessidade de supervisão
Maior tempo da gerência

Maior produtividade
Taxa de trabalho mais rápido
Tempo ganho por não esperar por ajuda
Menor perda de tempo

Melhoria de qualidade de resultados
Menor refugo
Valor agregado de resultados
Redução de acidentes

Redução de custos legais Melhoria de competitividade Melhor desempenho de pessoal Menor absenteísmo e atrasos Melhoria na saúde Redução de queixas e reclamações Mesmos resultados com menor número de empregados

— Entrevista do coordenador com o gestor; análise das informações levantadas; comparação com os dados iniciais e com o custo total do programa. Se os dados são financeiros e precisos, duas fórmulas podem ser aplicadas[12]:

	Depois	**?**	*Antes*	
Volume de vendas	☐	$\geq$	☐	= ...

Relação Custo-Benefício — RCB: 1) Calcular o total de benefícios obtidos com o treinamento 2) Calcular o total dos custos 3) Dividir o total de benefícios pelo total de custos Exemplo: O total de benefícios com o treinamento de 10 vendedores foi de R$ 165.000,00 e o total de custos R$ 25.000,00. Logo, RCB = 6,6 Retorno sobre o Investimento — ROI: 1) Calcular o total de benefícios obtidos com o treinamento 2) Calcular o total dos custos 3) Subtrair o total dos custos do total dos benefícios, obtendo então o benefício líquido 4) Dividir o benefício líquido pelo total de custos O total de benefícios com o treinamento citado foi de R$ 165.000,00 e o total de custos R$ 25.000,00. O benefício líquido é R$ 165.000,00 – R$ 25.000,00 = R$ 140.000,00. Então, R$ 140.000,00 : R$ 25.000,00 = 5,6 ROI = 5,6; isto é, para cada R$ 1,00 investido, houve um retorno de R$ 5,60.

(12) *Idem.*

— Conclusões: a situação posterior ao treinamento é melhor do que a anterior?

A empresa foi beneficiada com o treinamento?

As unidades organizacionais dos empregados treinados estão fazendo *melhor* dos que as unidades organizacionais dos empregados *não*-treinados?

— Registro das conclusões sobre as evidências dos efeitos do treinamento na equipe ou setor.

Se houver interesse em aprofundar as conclusões, no caso de dados não financeiros, obtendo mais evidências:

— Planejamento de coleta de dados em outro grupo com características semelhantes, que não tenha recebido treinamento:

$$\text{grupo de treinamento} \overset{?}{\geq} \text{grupo de controle}$$

— Conclusões sobre a comparação entre os dois grupos:

— Análise das informações obtidas.

— Comparação com os dados do grupo que recebeu o treinamento.

— Conclusões sobre a comparação entre os dois grupos.

Se não houve mensuração de dados antes.

4. Coordenação da coleta e análise de dados após o treinamento:

a) *Se forem dados qualitativos:*

— Planejamento da observação do desempenho do funcionário pelo instrutor ou pelo gestor.

— Observações do desempenho (o número de vezes que foi planejado).

— Entrevista do coordenador com o instrutor e gestor para levantamento dos dados observados; análise das informações obtidas; conclusões sobre os efeitos identificados; registro das conclusões sobre as evidências dos efeitos do treinamento na equipe ou setor.

Se houver interesse em aprofundar as conclusões ou buscar mais evidências:

— Planejamento de observação em outro grupo com características semelhantes.

— Observações do desempenho desse grupo de controle.

— Análise das informações obtidas; comparação com os dados do grupo que recebeu o treinamento; conclusões sobre a comparação entre os dois grupos.

b) *Se forem dados quantitativos:*

— Pesquisa de dados com o gestor ou no setor do funcionário ou outro departamento que tenha levantamentos estatísticos.

— Mensuração dos mesmos itens levantados antes do treinamento, *se* os dados não estão disponíveis.

— Entrevista do coordenador com o gestor; análise das informações levantadas, comparando com dados de outros grupos não treinados; conclusão se a situação posterior ao treinamento é considerada melhor do que a anterior.

Todos os procedimentos apresentados anteriormente podem ter produzido *evidências* das mudanças ocorridas, ou seja, manifestações que apontam para a certeza.

No entanto, se houver interesse em provar que o treinamento produziu os resultados evidenciados, então, há necessidade no uso de ferramentas de controle para isolar as variáveis que também possam ter contribuído, conforme já mencionado anteriormente.

Os resultados das medições são comparados e, sendo melhores os níveis obtidos pelo grupo de treinamento do que os do grupo de controle, então, considera-se que é a prova de que o treinamento produziu tais efeitos.

5. Registro das conclusões obtidas a partir da análise de todos os dados.

5. Comunicação da Avaliação Sistemática de Treinamento

Conduzido todo o processo da Avaliação Sistemática de Treinamento, descrito anteriormente, focalizando o desenvolvimento de pessoas, equipes e das organizações, é preciso que toda a gama de informações geradas seja conhecida pelas pessoas comprometidas com o desempenho e com a avaliação: diretoria, gestores, instrutores, treinandos, a própria equipe de treinamento e outros. Trata-se da elaboração do relatório de avaliação.

Os relatos da avaliação devem acontecer nos momentos oportunos, seja em períodos predeterminados e/ou negociados, durante, ao final ou após o treinamento, mas sempre em tempo hábil, através de relatórios escritos, parciais ou finais, para que as decisões possam ser úteis.

O coordenador da avaliação retoma o Plano de Avaliação do Treinamento e verifica se os objetivos previstos foram alcançados, se as técnicas previstas foram aplicadas com os respectivos instrumentos e se todos os objetos de interesse foram investigados. Com os instrumentos aplicados e os dados coletados, ele tem condições de constatar se os critérios da avaliação desejados foram atendidos. Por exemplo, se na aplicação de um teste de conhecimentos em um grupo de treinandos fora previsto o critério de aprovação de 70%, com os testes corrigidos e tabulados, o coordenador pode comprovar se o critério foi atendido e, a partir daí, ele faz o registro no relatório. Ele também precisa registrar o que não foi realizado do Plano de Avaliação do Treinamento e as razões disso.

Espera-se que o controle na comunicação seja feito pelo coordenador da avaliação, no sentido de:

— habilidade de comunicação direta, informal, com material ilustrativo e rico;

— seleção do que pode facilitar a compreensão;

— atenção aos diferentes públicos ligados à avaliação;

— controle metodológico para não perder informações entre a coleta de dados, o tratamento estatístico e o relatório;

— ênfase nos êxitos e nos fracassos;

— conclusões no âmbito do universo investigado: os resultados são válidos para aquela população e para aquelas condições, tomando cuidado para não generalizar.

E, ainda, acompanhar o aproveitamento do relatório: está sendo compreendido? atendeu às necessidades e interesses? está sendo confiável? está sendo útil à tomada de decisões? precisa ser melhorado?

Todas as informações, demonstrativos, conclusões, implicações e recomendações relacionados às necessidades do negócio, aos resultados do treinamento, à participação das pessoas, às expectativas atendidas e não atendidas, à execução dos plano, às aprendizagens e suas circunstâncias, ao número de participantes, às dificuldades enfrentadas e erros, são objetos de comunicação para subsidiar a tomada de decisões.

Inúmero relatórios são emitidos e conhecidos em termos de número de horas treinadas por funcionário, valores investidos e outros mais.

Na Era do Conhecimento, as áreas do conhecimento nas quais a empresa investiu em treinamento, no ano, também podem ser pesquisadas e ser objeto de análise pela diretoria, no sentido de tomar consciência sobre que conteúdos o pessoal está aprendendo e fazer escolhas para o período seguinte.

Por exemplo, o gráfico abaixo representa a distribuição de todos os investimentos feitos em uma empresa, em um ano, em relação às áreas do conhecimento, mostrando claramente que a área administrativa foi a que recebeu maior volume de investimento, seguida da área da produção.

Distribuição dos investimentos em treinamento, no ano, por áreas do conhecimento

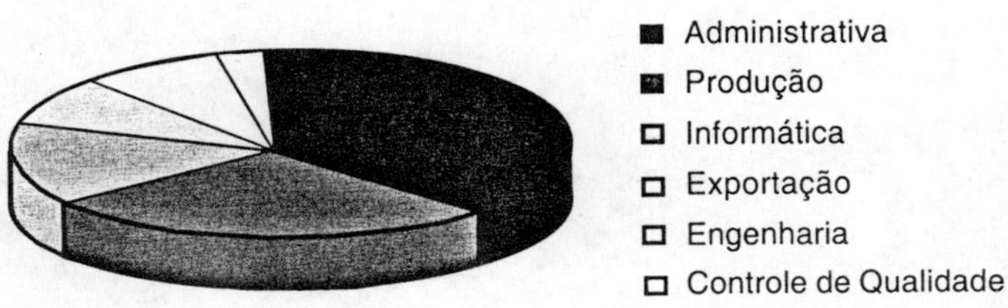

As decisões direcionam-se à melhoria de desempenho individual e de equipe, melhoria de procedimentos de processos, de fluxos e integração intersetorial, aumento de produtividade individual, da equipe, do setor e do departamento.

A comunicação adequada, consistente e oportuna contribui com a conscientização dos resultados do treinamento e do seu retorno, aumenta a credibilidade do processo e propicia o aumento na alocação de recursos ao treinamento e à avaliação.

Tudo isso contribui com as decisões sobre as políticas de treinamento, tais como:

Priorização de treinamento em áreas estratégicas ao negócio	Análise mais criteriosa de necessidades e de seleção de treinandos	Programa de melhorias de desempenho e incentivo aos instrutores	Maior alocação de recursos ao treinamento e avaliação	Aumento no número de atividades e programas

6. Considerações Finais

Concluídos todos os procedimentos referentes à verificação dos resultados advindos do treinamento, convém uma reflexão final sobre o processo realizado.

A Avaliação Sistemática de Treinamento, tendo percorrido, ao longo de um determinado tempo, uma trajetória de investigação de informações úteis em cada etapa — desde a necessidade inicial até a obtenção dos resultados — sobre as pessoas, os processos e objetos ligados ao treinamento, refaz o seu próprio caminho.

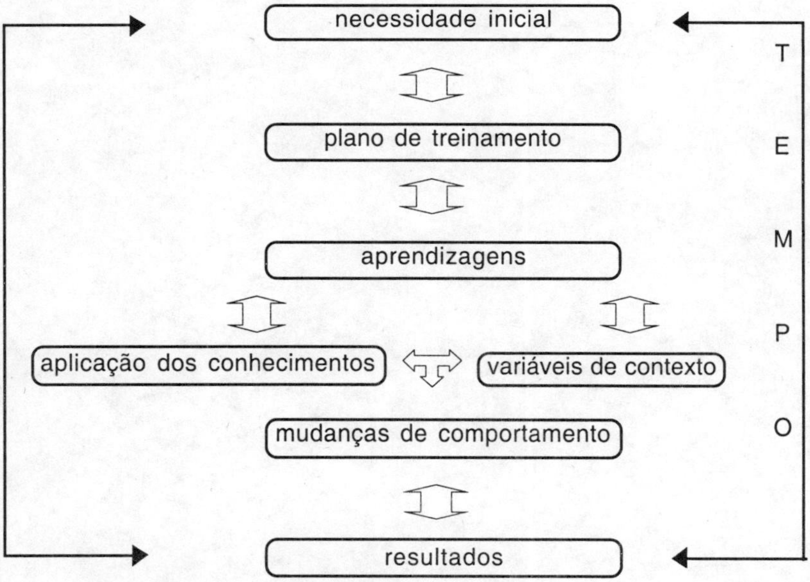

É preciso avaliar se o plano de avaliação elaborado foi produtivo, se as técnicas usadas foram adequadas, se os avaliadores foram competentes, se os instrumentos foram úteis, se levou a conclusões e decisões relevantes sobre o desempenho, sobre o treinamento, sobre resultados, sobre os processos, enfim, o coordenador da avaliação tem esse compromisso final para aperfeiçoar a avaliação e o seu próprio desempenho.

Bibliografia

BOYATZIS, Richard E. *The Competent Manager; a Model for Effective Performance.* USA, Wiley-Interscience, 1982.

BRUNS, William J. Jr. *Performance Measurement, Evaluation, and Incentives.* USA, William J. Bruns Jr., 1992.

FERREIRA, Aurélio Buarque de Holanda. *Dicionário da Língua Portuguesa.* Rio de Janeiro, Nova Fronteira, 1980.

HAMBLIN, A. C. *Avaliação e controle do treinamento.* São Paulo, McGraw-Hill do Brasil, 1978.

HÜHNE, Leda Miranda. *Metodologia Científica; Caderno de Textos e Técnicas.* 5ª ed. Rio de Janeiro, Agir, 1992.

HAMELINE, D. & outros. *El Sujeto de La Educacion.* Buenos Aires, Editorial Guadalupe, 1984.

Illustrated Oxford Dictionary. Oxford, Oxford University Press, 1998.

KIRKPATRICK, Donald L. *Another Look at Evaluating Training Programs.* Alexadria, American Society for Training e Development, 1998.

_______. *Evaluating Training Programs; the Four Levels.* 2ª ed. São Francisco, Berrett-Koehler Publisher, Inc., 1998

Laboratório de Ensino Superior da Faculdade de Educação — UFRGS. *Planejamento e Organização do Ensino.* Porto Alegre, Globo, 1974.

MARCONI, Maria de Andrade e LAKATOS, Eva Maria. *Técnicas de Pesquisa.* 2ª ed. São Paulo, Atlas, 1990.

MARQUES, Juracy C. *A Aula como Processo; um Programa de Auto-ensino.* 5ª ed. Porto Alegre, Editora Globo, 1978.

_______. *Paradigma para Análise do Ensino.* Porto Alegre, Editora Globo, 1978.

MORA, José F. *Dicionário de Filosofia.* São Paulo, Martins Fontes, 1996.

Nouveau Petit Larousse. Paris, Librairie Larousse, 1952.

REEVES, Marta. *Evaluation of Training.* Londres, The Industrial Society, 1993.

SANT'ANNA, Flávia Maria. *Microensino e Habilidades Técnicas do Professor.* São Paulo, McGraw-Hill do Brasil, 1979.

SCHAAN, Maria H. *Manifestações Culturais Envolvendo a Problemática da Identidade Social/Cultural na Refinaria Alberto Pasqualini.* Monografia/UFRGS, Porto Alegre, 1996.

STUFFLEBEAM, Daniel L. e SHINKFIELD, Anthony J. *Evaluación Sistemática; Guia Teórica y Prática.* Barcelona, Paidós/M.E.C., 1987.

TURRA, Clódia M.; ENRICONE, Délcia; SANT'ANNA, Flávia M. e ANDRE, Lenir C. *Planejamento de Ensino e Avaliação.* 5ª ed. Porto Alegre, PUC/Emma, 1975.

Produção Gráfica: **LTr**
Editoração Eletrônica: **IMOS LASER**
Capa: **FLAVIO A. VIEIRA**
Impressão: **VIDA E CONSCIÊNCIA**